Iris & Martin Magin

12 Schritte zu deiner Medialität

Iris & Martin Magin

12 Schritte zu deiner Medialität

26 TWENTY SIX
Der Self-Publishing-Verlag
2020

Bibliografische Information der Deutschen Nationalbibliothek:
Die Deutsche Nationalbibliothek verzeichnet diese Publikation
in der Deutschen Nationalbibliografie; detaillierte bibliografische
Daten sind im Internet über http://dnb.dnb.de abrufbar.

TWENTYSIX – Der Self-Publishing-Verlag
Eine Kooperation zwischen der Verlagsgruppe Random House
und BoD – Books on Demand

© 2020 Magin, Iris & Martin

Herstellung und Verlag:
BoD – Books on Demand, Norderstedt

ISBN: 978-3-7407-6458-6

Liebe verbindet.

Inhalt

Zur Beachtung

Dieses Buch soll und kann keine Therapie und keine ärztliche Diagnose ersetzen. Die Verfasser geben weder direkt noch indirekt medizinische Ratschläge, noch verordnen sie die Anwendung der „12 Schritte" als Behandlungsform für Krankheiten ohne medizinische Beratung. Ihnen als Lesern weden Mittel aufgezeigt, um die eigene Medialität zu erkunden und zu entwickeln.

Natürlich steht Ihnen das Recht zu, die vorliegenden Informationen im Sinne einer Selbstbehandlung anzuwenden, doch sollten Sie beim Auftreten von Krankheitssymptomen unbedingt einen Arzt oder Heilpraktiker konsultieren. Die Ratschläge in diesem Buch sind von den Verfassern sorgfältig zusammengetragen und geprüft worden; eine Garantie kann jedoch nicht übernommen werden. Eine Haftung für irgendwelche Schäden ist ausgeschlossen. Weder die Autoren noch der Verlag können für die Folgen, die aus der praktischen Anwendung oder dem Missbrauch der in diesem Buch enthaltenen Informationen entstehen könnten, verantwortlich gemacht werden. Wer für sich selbst die Techniken der „12 Schritte" ausführt, ohne sich genau an die Anweisungen, Erläuterungen und Warnungen der Autoren zu halten, tut dies ausschließlich in eigener Verantwortung.

Kapitel I – Einführung

Jeder stirbt, keiner ist tot

(Tibetisches Sprichwort)

Die Angst vor dem Sterben und die Ungewissheit, was passiert, wenn wir aus menschlicher Sicht „tot sind", führen dazu, dass in unserer modernen Gesellschaft dieses Thema ungern betrachtet, geschweige denn sich in umfangreicher Weise damit auseinandergesetzt wird. Die Unterhaltungsindustrie lenkt uns durch sogenannte fantastische Spuk-Geister von alltäglichen Sorgen ab, sei es mit Spannung, Komik oder Drama. Doch gibt es in anderen Teilen der Welt einen ganz normalen Umgang mit dem Tod: Die verstorbenen Ahnen werden verehrt, um Rat gebeten und man spricht regelmäßig mit ihnen. Medien, die Verstorbenen-Kontakte herstellen, sind in der westlichen Welt jedoch eher Persönlichkeiten, die am Rande der Gesellschaft stehen; sie werden im besten Falle belächelt, oft jedoch als Spinner abgetan.

Wer sich also auf den Weg machen möchte, hier die entsprechenden „medialen Übersetzer-Kompetenzen" zu erwerben, braucht nicht nur Mut und Standfestigkeit, sondern auch die Bereitschaft, aus dem sozialen Gefüge (für eine Weile) auszutreten. Es gilt, dem eigenen inneren Kompass bisweilen mehr Aufmerksamkeit zukommen zu lassen als den Meinungen und Perspektiven anderer.

Die Liebe zu den Menschen und die Liebe zwischen den Menschen ist das, was die Arbeit eines Mediums in dieser Welt auszeichnet. Dadurch wird die Kommunikation geboren. Das Medium fungiert hierbei wie eine Art Telefon. Es ist der Überbringer der Nachricht und nicht mehr, aber auch nicht weniger. Je klarer das Medium als Telefon eine Verbindung mit Seelen aus einem anderen Leben zustande bringen kann, desto klarer und einprägsamer sowie berührender ist die Kommunikation, die stattfindet, und zwar für beide Seiten.

*

Bevor wir nun fortfahren, wollen wir uns an dieser Stelle noch einmal kurz vorstellen, denn es ist nicht die Autorin, die dieses Buch allein verfasst, sondern sie tut dies in Verbindung mit uns, den geistigen Wesen aus einem anderen Leben, die sich jenseits dieser Welt befinden. Hier mögen einige Leser sich vielleicht schon wundern, denn es klingt doch so fremd für die Ohren dieser materiellen Welt, dass die Inspiration zu diesem Buch von höheren Kräften stammt und nicht nur von der Autorin selbst. Wir arbeiten schon sehr lange mit Iris Magin zusammen; manche von uns bereits seit ihrer Empfängnis. Wir, ein Team von geistigen Helfern, haben die Aufgabe übernommen, die Verbindung zwischen den Welten zu verfestigen und „mediale Dolmetscher" auszubilden, die eine zeit- und raumübergreifende Kommunikation ermöglichen. So stammt vieles nicht allein aus den Erfahrungen und der Expertise von Iris allein, sondern basiert auf vielfältigen Beobachtungen, Erfahrungen und dem übergreifenden Verständnis auf unserer Seite. Dies ist auch für die Autorin eine neue, ungewohnte Art der Zusammenarbeit, und dieses Buch wird ihr sowohl durch uns diktiert als auch von ihren persönlichen Erfahrungen ergänzt. (So sind unsere Beiträge in Standard und die von Iris oder ihrem Mann Martin *kursiv* dargestellt.)

Um euch nicht durch lange Gender-Zusätze die Freude am flüssigen Lesen zu verringern, haben wir uns entschieden, die männliche Anrede zu verwenden. Aus unserer Erfahrung sind viele Frauen heute geübter mit dieser zugegeben einseitigen, traditionellen Form der Anrede und sind sich ihres Wertes als Frau und Mensch wohl bewusst, so dass wir ihre Toleranz voraussetzen. Auch werden wir im Folgenden die weltlichen Vermittler der Botschaften als „Medium" bezeichnen. Die Empfänger der Botschaften, Segnungen und Heilenergien nennen wir „Empfänger" und die Verstorbenen, Seelen oder Wesen aus dem anderen Leben, „geistige Wesen".

*

Ihr Menschen habt häufig nur die medialen Effekte auf eurer Seite im Fokus. Wie viel Wonne und Freude erzeugt ihr jedoch auf unserer Seite, denn auch hier gibt es die Sehnsucht, Verbindung aufzunehmen und das zu überbrücken, was im Geiste auf der Erde so unüberbrückbar erscheint. Die Aufgaben des „Telefons" sind vielfältig. Ihr beginnt mit der klaren Intention und Bereitschaft, euch „anrufen" zu lassen und als möglichst neutrales Medium die Verbindung aufrechtzuerhalten. Ferner entwickelt ihr als Medium das Vertrauen, dass jemand anrufen wird, auch wenn es zuweilen vorkommt, dass ein Empfänger umsonst auf einen Anruf aus der geistigen Welt wartet. Darüber hinaus gilt es, eigene, persönliche Aspekte, Neigungen und Präferenzen möglichst außer Acht zu lassen und, wie ein guter

Übersetzer von Sprachen, möglichst nah an dem Übermittelten zu bleiben, wenn es in die jeweilig andere „Sprache" übersetzt wird.

Wir nehmen dabei eure Botschaften in Formen von Klängen und lichtvollen Farben wahr und weniger durch Worte oder emotionale Empfindungen. Ihr wiederum nehmt die Verbindung oft durch körperliche oder auch emotionale Empfindungen wahr und messt daran die Güte einer Übermittlung. Als Medium dürft ihr euch selbst aus dem Spiel nehmen, jedoch zugleich präsent sein. Ihr tretet in den Hintergrund und seid doch der zentrale Link, wie auch ein Simultan-Übersetzer es tut. Eigene Emotionen, Ansichten und Interpretationen sind unerwünscht; führen sie doch dazu, dass der Klang, der Charakter der Botschaft sich verändert oder ggf. auch verfälscht wird, (meist unbeabsichtigt, das wissen wir wohl).

Um dies zu ermöglichen, müsst ihr als Medium erst euch selbst gut kennen und akzeptieren lernen. Wer seine eigenen Neigungen, festen Vorstellungen, Werte und emotionalen Befindlichkeiten nicht kennt, wird es schwer haben, sich neutral zu verhalten, d. h. nicht eigenmächtig gestalterisch tätig zu werden. Es ist, als ob sich das Medium von seinem eigenen Selbst, der Persona, für eine Weile verabschiedet, um als Vermittler die Charakterzüge, Sprachgewohnheiten, Emotionen eines anderen Wesens zu übernehmen und zu transportieren. Dies ist insbesondere im Rahmen von Verstorbenen-Kontakten der Fall. Im Bereich der philosophischen Rede wird der Charakter des geistigen Wesens durch die verwendeten Metaphern, Wortwahl und Reaktionsverhalten ersichtlich. Und in der heilenden Disziplin wird das Medium zum Kanal der heilenden Energien, die zu dem Empfänger fließen. Je weniger hier die eigene Person des Mediums im Wege steht, umso intensiver kann die Energie fließen. Daher wird oft von einem „reinen Kanal" gesprochen, der sich dadurch auszeichnet, dass das Medium sich selbst gut kennt und als Person zurücknimmt in der täglichen Arbeit. Getragen von einer selbstlosen Liebe erfährt es eine grenzenlose Freude am Vermitteln der Botschaften.

Es gibt Medien, die sich sehr viel leichter selbst zurücknehmen können als andere und uns göttlichen Wesen den Eintritt erlauben. Viele Einsteiger sind zu Beginn ihrer medialen Entwicklungs-Reise sehr stark auf ihre menschliche Intuition angewiesen. Sie erlauben uns geistigen Helfern noch nicht, uns wirklich mit ihnen in der Tiefe zu verbinden. So hängt jede Kommunikation von der intuitiven Analysefähigkeit des Mediums ab, das im Energiefeld seines Empfängers gelernt hat zu lesen bzw. Themen zu erspüren, die für den Empfänger relevant sind. Doch diese Form der Medialität beruht überwiegend auf den persönlichen intuitiven Fähigkeiten und weniger auf den durch uns geistige Wesen „hervorgezauberten" Lösungen. So unterteilen wir grob in Medien, die intuitiv den anderen „lesen", und Medien, die überwiegend mit uns verbunden die Botschaften vermitteln. Erstere werden im besten Fall durch uns inspiriert. Letztere hingegen werden in ihrem Wesen während der Botschaftsübermittlung von uns überspiegelt, sodass sie in ihrer Kommunikation Charakterzüge von uns annehmen können.

*

In dem nun vorliegenden Buch werden wir euch auf der Basis unseres aktuellen Wissens einen medialen Werkzeugkasten/gepackten Rucksack zur Verfügung stellen, der euch sowohl den Start als auch das Vorankommen auf dem medialen Weg erleichtert. Unser Ziel ist es, euch auf eurer medialen Reise zu begleiten und euch wie ein Tour-Guide unsere Erfahrungen, unser Wissen und Können als Option an die Hand zu geben. Macht euch bereit, zu einer Wanderung aufzubrechen, die euch nicht nur die eigenen Höhen und Tiefen des Lebens intensiv und zugleich gelassen erfahrbar macht, sondern die euch ab einem bestimmten Punkt eurer persönlichen Wanderschaft befähigt, selbstständig und souverän als mediale Vermittler zwischen den Welten aktiv zu werden.

In diesem ersten Kapitel des Buches wird euch eine kurze Einführung in das Wesen und die Sinnhaftigkeit der Kommunikation mit geliebten Verstorbenen gegeben. Darauf aufbauend werden im zweiten Kapitel die persönlichen und organisatorischen Voraussetzungen dargestellt, die als Grundlage für eine erfolgreiche mediale Reise dienen. Ab dem dritten Kapitel werden wir euch in die einzelnen Lernschritte der medialen Reise einführen, einen großen Praxisbezug anbieten und euch durch persönliche Erfahrungen und Fallbeispiele die möglichen medialen Erfahrungswelten nahebringen. Im fünften Kapitel präsentieren wir euch die Fragen, die häufig bei einer solch herausfordernden medialen Wanderung auftreten, und geben unsere Antworten dazu. Hier gilt, wie bei allem, was in diesem Buch schriftlich festgehalten wird, dass dies im Moment des Erscheinens die jeweils gültige Wahrheit wiedergibt. Diese Wahrheit ist, wie alles in dieser Welt, jedoch der lebendigen Schöpfungskraft untergeordnet und kann sich wandeln, ausdehnen und auflösen.

Kapitel II – Entfalte deine Medialität

Die Liebe ist die Essenz, die es ermöglicht, zwischen den Welten miteinander zu kommunizieren. Es ist die Liebe eines Vaters zu seinem Sohn, die es beiden ermöglicht, miteinander in Kontakt zu treten und diesen auch zu suchen. Es ist die tote, zu früh verstorbene Tochter, die in Liebe an die Sehnsucht der zurückgelassenen Mutter andocken möchte. Und es sind die Liebe und die Bereitschaft, einer höheren Macht und Kraft zu dienen und das Treffen zweier sich vermissender Seelen zu ermöglichen. Die Kraft der Liebe ist wie der Strom: Je stärker er fließt, desto einfacher und klarer kommt die Verbindung zustande. Die Liebe lässt sich von Widerständen nicht beirren, sondern ermöglicht eine innere Klarheit, dass das, was gerade passiert, richtig und wahrhaftig ist. Eurer Liebe ist es geschuldet, dass ihr heute dieses Buch vor euch habt, und Eure Liebe wird euch jeden Schritt setzen und voranschreiten lassen, bis ihr selbst erfahrt, dass nichts euch davon trennen kann, Eure Liebe zu leben. Somit ist die Liebe der Kern, der Grund und der Kitt der medialen Arbeit. Nichts kommt diesem gleich, und jedes gute Medium ist in seiner Tätigkeit getragen von dieser ewigen Kraft der bedingungslosen Liebe.

Auch das Vertrauen in das, was wir Schöpfungskraft nennen und ihr Gott, sind das Fundament, das eine gute Kommunikation ermöglicht. Dieses Vertrauen darf Schritt für Schritt neu geschenkt werden: Es ist ein Aspekt der medialen Ausbildung, gehört aber nicht nur in die Übungsräume – nein, sehr oft wird dieses Vertrauen in das Göttliche gefestigt und geläutert durch Ereignisse im täglichen Leben. Vertrauen zu haben, bedeutet im Frieden zu sein und den Mut zu haben, sich auf das Ungewisse einzulassen. Es bedeutet, sich nicht von eigenen Zweifeln, Ängsten, Minderwertigkeitskomplexen und falschem Vergleichen mit anderen beeinflussen zu lassen. Es ist eine innere Ruhe und Zentriertheit, die dazu führt, dass man selbst nicht mehr mit den Ängsten des Empfängers in Resonanz geht, sondern in eigener Stille, Gelassenheit und Zentrierung die Emotionen verwandeln kann, denen man ausgesetzt ist. Vertrauen in die göttliche Ur-Kraft zu haben, dieses Vertrauen zu steigern und zu verstärken, ist die grundsätzliche Aufgabe jeder medialen Reise, und die Verbindung zu uns hängt in ihrer Qualität, Güte und Prägnanz von diesem Vertrauen maßgeblich ab.

Wie nun voranschreiten in diesem Leben, das so viele materielle Zwänge hat? Wie ein Medium werden, wo doch die Welt um einen herum so dunkel, so verloren und so chaotisch erscheint? Auch diese Wahrnehmungen haben ihre Berechtigungen, zeigen sie doch auf, dass die Arbeit notwendiger denn je ist. Denn die Angst vor dem Tod existiert in der Welt wie ein stark ausbreitender Virus, und so führt der Glaube, dass mit dem Tod alles endet, auch dazu, dass weniger Verantwortung für das eigene Leben übernommen wird, als es von unserer Warte aus notwendig wäre. Nicht die Welt ist dunkel, sondern das, was die Menschen daraus gemacht haben, und das bedeutet auch, ihr seid dabei und tragt hieran auch euren Anteil.

Dies führt uns zu einer weiteren Komponente, die für das Medium eine große Herausforderung darstellt: der Umgang mit der eigenen Angst. Die Angst, zu versagen, und die Angst, dass das, was durchkommt, keinen Sinn macht und nicht auf die gewünschte positive Resonanz stößt, ist ein Faktor, der viele medial-affine Menschen straucheln lässt. Die eigenen Zweifeln, Versagensängsten und Frustrationen über die so geringen Ergebnisse lässt viele zu einem Zeitpunkt abbrechen, an dem es nicht sein müsste. So ist die Reise nicht eine Reise zum Glück auf kurze Sicht, sondern eine Reise, die kurzfristig dazu führt, sich mit eigenen Wahrnehmungskonzepten und Beschränkungen auseinanderzusetzen.

*

M: Im Herbst 2011 kam das schottische Medium Gordon Smith wieder einmal nach Frankfurt/Main; eingeladen von dem Frankfurter Ring e.V. Iris wollte Gordon unbedingt live erleben und drängte mich dazu, gemeinsam mit ihr eine Abendveranstaltung mit dem wohl bekanntesten und am intensivsten erforschten britisch-schottischen Medium zu besuchen. Mit größter Skepsis folgte ich ihrem Wunsch, wohl wissend, dass Iris Gordon bereits mehrfach gesehen hatte und offensichtlich nur gute Erfahrungen damit verband. Doch der Abend war für mich eine große, große Enttäuschung. Ich kam mir vor wie in einem Theater oder einer Magier-Show. Gordon Smith agierte vom unteren Bühnenrand des großen Saales der Jugendherberge „Haus der Jugend" in Frankfurt. Er sprach davon, im Kontakt zu Verstorbenen zu sein, und brachte Botschaften der Verstorbenen zu den im Saal sitzenden Empfängern. Meine innere Skepsis verhinderte, dass ich die positiven Energien dieses

Abends spürte, ließ mich stattdessen alles, was ich sah und hörte, als „Schmierentheater" abtun.

Dennoch folgte ich meiner Wissbegierde. Zwar konnte ich dieser „Aufführung" kein Vertrauen schenken, aber ich wollte wissen, wie „das" geht. Wir wurden Betreuer des Kurses von Gordon Smith und Steven Levett, und mein Weg hin zur Entwicklung meiner eigenen Medialität kam unaufhaltsam ins Rollen.

Das erste von vier Wochenenden fand kurz nach meiner ersten Begegnung mit Gordon statt. Mit einer für mich eher ungewöhnlichen Nervosität – immerhin war ich bereits seit fast 12 Jahren immer wieder im Einsatz als ehrenamtlicher Helfer beim Frankfurter Ring e.V. und mit einer, zwischenzeitlich, Vielzahl von Lehrern unterwegs – fand ich mich an der Seite von Iris im Veranstaltungsort ein. Der „Zufall" wollte es, dass wir an diesem Tag eine ungerade Anzahl von Teilnehmern waren. Gordon begann den Workshop mit einer geführten Meditation. Zu meiner Überraschung kullerten mir während der Meditation Tränen über die Wangen; ich ließ mich von dieser Übung so erfassen und berühren, wie ich es schon lange nicht mehr erfahren hatte. Nun war ich doch etwas überrascht und geplättet. Wer war dieser Mann, dieses Medium, und was geschah mit mir?

Ohne Pause ging Gordon im Folgenden in die Vollen: Er setzte die 41 Teilnehmer in einen inneren und einen äußeren Stuhlkreis und ließ sie paarweise üben. Noch immer von Skepsis getragen, atmete ich tief auf, denn ich dachte, ich könnte mich aus dem Stuhlkreis herausnehmen – schließlich hatte ich kein Gegenüber. Weit gefehlt. Als Gordon sah, dass ich mich aus der Übung herausziehen wollte, kam er zu mir, setzte sich mir gegenüber und bat mich, ihm eine Verstorbenen-Lesung zu geben. Da saß ich nun, Skeptiker und Unerfahrener, dem großen Medium Gordon Smith gegenüber. Ich hatte keine Zeit, zu widersprechen, denn Steven Levett, Gordons Zögling und Freund, begann bereits mit der Erläuterung der kommenden Übung. Also im wahrsten Sinn: Augen zu und durch! Ich nahm meinen Mut zusammen, schaute in die blauen Augen von Gordon und begann zu sprechen. Ich redete über Hügel, die Zahl Sieben, vorbeiziehende Wolken und vieles mehr. Gordon nickte freundlich und bestätigte im Feedback sogar, dass er mit den von mir gesehenen und ausgesprochenen Bildern etwas anfangen könnte. Er bezog meine Belege auf eine seiner anstehenden Reisen. In diesem Moment konnte ich jedoch sein positives Feedback nicht annehmen, denn meine Aussagen waren aus meiner Perspektive viel zu banal.

Die mediale Wahrnehmung und damit die Qualität der Botschaften wird stark von der spirituellen Reife bestimmt. Auch hier wird das Medium vorbereitet, um die schweren Prüfungen des Infrage-gestellt-Werdens und Sich-erklären-Müssens vor Dritten, die es gewohnt sind, mit Skepsis und Alltagsignoranz an die Themen heranzugehen, zu meistern. Die Freude, medial aktiv zu sein, verleitet manche dazu, Geschichten zu erzählen, die sehr oft nichts oder nur wenig mit dem zu tun haben, was wir tatsächlich vermitteln wollen. Sie führt auch dazu, dass Medien dazu neigen, die Erwartungen ihrer Empfänger zufrieden stellen zu wollen – gibt es ihnen doch ein wenig das Gefühl von Macht und Erhabenheit, die Sehnsüchte der Hinterbliebenen zu erfüllen.

Während ein unausgebildetes Medium oft gar nicht mitbekommt, wann es aus einer guten Anbindung mit uns heraus kommuniziert und wann es hinüberwechselt in das Land seiner eigenen Fantasien, kann dies ein Empfänger sehr wohl erkennen, wenn er wachsam ist. So helfen Skepsis, Zweifel und rationales Hinterfragen des Empfängers dem lernenden Medium dabei, sich nicht in eigene Welten und Wunscherzählungen zu verlieren.

So möchten wir euch zurufen, liebe Leser, dass eine der praktischen Übungen in eurem Leben von nun an die ist, einen anderen konstruktiven Umgang mit eurer Angst und der Angst anderer zu erlernen. Dies geschieht durch mediale Übungen, die euch im Rahmen von Lebenslektionen angeboten werden, und es ist eure Wahl, ob ihr diese Lebenslektionen aufgreifen und euch darüber entwikkeln wollt oder nicht. Doch, wie ein gutes Immunsystem, sind auch die Ängste, Zweifel und eure eigene Skepsis die Kräfte, die euch stabiler sein lassen im Umgang mit den medialen „Stürmen".

Die Wahrhaftigkeit der Botschaft erkennen

Alles, was geschieht, darf hinterfragt, ja muss am Anfang auch angezweifelt werden. Ist doch unsere Fantasie, unsere Vorstellungskraft, stark genug, Phänomene zu produzieren, die normalerweise keiner für möglich hält. Die Fantasie, die eigene Vorstellungskraft, ist die Essenz, mit der gearbeitet wird. Doch hat sie auch ihre eigene Dynamik. Ein Medium ist gut bestellt, wenn es diese sehr individuelle Dynamik seiner eigenen Vorstellungskraft kennen und lenken lernt. Nicht die Worte sind es, die Aussagen als Beweise für die andere Welt liefern. Nein, es sind die liebevollen Energien und Faktoren, die nicht in das gewohnte Wahrnehmungsumfeld passen.

Ein Empfänger von medialen Botschaften hat die Möglichkeiten des Überprüfens bzw. ein Gefühl des Vertrauens zu entwickeln, um ermitteln zu können, ob die Botschaften wahrhaftig aus einer jenseitigen Quelle stammen. So ist oft, bei einer guten und intensiven Verbindung mit der geistigen Welt, eine veränderte Wahrnehmung eines der markanten Zeichen. Diese Wahrnehmung kann sich ausdrükken in einem wohligen Gefühl des Friedens, der Geborgenheit und/oder Liebe. In vielen Fällen lösen schon wenige Informationen starke emotionale Reaktionen aus, und viele Medien spüren, dass sie sich als Person anders anfühlen als noch in dem Moment vor der Lesung. Empfindungen, wie z. B. ein kalter Schauder, ein leichtes Prickeln, als ob sich ein angenehmer Strom ausbreitet, sind ebenso möglich. Andere wiederum sehen ein Licht oder konkrete Farben und erkennen auf diese Weise, dass eine Botschaft nicht weltlicher Natur ist.

Eine zweite Weise, um zu überprüfen, ob die gewünschte Botschaft stimmig ist, ist die des Ergründens. Der Empfänger stellt vor oder während der Lesung innerlich Fragen an die geistige Welt und wartet dann, ob diese Fragen beantwortet werden. Werden sie beantwortet, (*I: Ich habe erlebt, dass dies idealerweise fast zeitgleich passiert*), kann der Empfänger wohl annehmen, dass die Verbindung in ganzer Güte besteht.

Die dritte Alternative ist, dass in der Botschaft Themen vermittelt werden, die nur der Empfänger allein versteht und sonst keiner: sei es ein Apfelbaum, der in der Jugend des Verstorbenen gemeinsam gepflanzt wurde, sei es ein Motorrad-Unfall, der bislang verschwiegen wurde. Was auch immer die Belege sind, die niemand außer einem selbst kennen kann, steigt das Vertrauen des Empfängers rapide an, sobald diese vom Medium vermittelt werden.

*

M: ... doch plötzlich wurde Gordon nervös und sagte mir: „Yes, but Martin I do have a message for You!" (Ja, aber Martin ich habe eine Botschaft für dich!) Und unmittelbar begann Gordon mir eine Verstorbenen-Lesung zu geben. Er sprach von einem älteren Mann, der mich dabei beobachtete, wie ich vor einer Menge von Zahlenreihen und Fotos saß. Dieser alte Mann, spürte meine Verzweiflung angesichts dieser Zahlenaufstellungen und Bilder. Und er ermutigte mich, doch nun endlich diesen Schritt zu gehen und tatsächlich die Zahlen und Bilder zusammenzufügen. Der ältere Mann entpuppte sich in der weiteren Folge der Lesung als mein Großvater väterlicherseits. Er zeigte sich mit seinem verkürzten Bein und dem übergroßen orthopädischen Schuh, ebenso mit der Hand, an der der Daumen fehlt und seiner fürsorglichen Seite, die natürlich die eigene, große Familie einschloss, aber auch Fremde und Bedürftige; mein Großvater führte den Familienbetrieb einer Bäckerei und Konditorei.

Zu diesem Zeitpunkt kämpfte ich tatsächlich mit einem großen Buchprojekt, von dem ich jedoch niemandem in meinem näheren Umfeld erzählt hatte. Ich wagte es zu dieser Zeit nicht, das Werkverzeichnis eines deutschen Tierbildhauers, Prof. Wilhelm Krieger, zusammenzustellen. Die Aufgabe, historischen Aufnahmen von Tierskulpturen eine Reihe von Daten – Zeit der Entstehung, verwendete Materialien und Technik, Größe, Standort, Auflagenhöhe etc. –, also alle in Kolumnen festgehaltenen Informationen zuzuordnen, überforderte mich. Ich traute mich einfach nicht, kunsthistorisch kritische Entscheidungen zu treffen, und hatte – wie so oft – einfach Angst vor dem potenziellen Erfolg meiner Arbeit. Folglich ließ ich diese Arbeit bis dahin einfach liegen.

Gordons Verstorbenen-Lesung jedoch traf mich wie ein kleines Erdbeben. Gordon wusste zu diesem Zeitpunkt NICHTS von mir. Und hier brachte er mir meinen verstorbenen Opa, der mich seinerseits in den letzten Wochen vor meiner Arbeit sitzend sah, als ich verzweifelt und in Angst, das Falsche zu tun, nichts tat.

Kurzgefasst: Diese Verstorbenen-Lesung gab mir den notwendigen Anstoß, das Werkverzeichnis des Künstlers doch zu schreiben. Ich nahm mir eine Woche Auszeit, mietete mich in einem entlegenen Hotel ein, fügte die Zahlen, Daten und Fakten den Abbildungen zu, begann beherzt, die Texte zu schreiben, und konnte 15 Monate später das fertige Werkverzeichnis, frisch aus dem Druck und übersandt vom Verlag, in Händen halten. Mein Dank geht noch heute an Gordon und an meinen lieben Opa!

*

Das Medium darf damit rechnen, dass das Vertrauen der Empfänger in das Medium nicht stabil ist bzw. bleibt. Daher wird der Empfänger auch immer wieder das Gespräch mit uns, der geistigen Welt, suchen, bis das eigene Vertrauen nachhaltig gestärkt ist. Für den skeptischen Empfänger führt eine kritische Auseinandersetzung mit einer sehr merkwürdigen und für die meisten befremdlichen Situation dazu, dass die anfängliche Angst nicht weiter wächst. Im Gegenteil, die eigene Aufgeschlossenheit des Empfängers entfaltet sich und gipfelt letztendlich in Zuständen des Vertrauens und der Liebe. Die Skepsis und der wahrgenommene innere Widerstand des Empfängers sind gerade für die Ausbildung der Medien sehr wichtig. Schaffen sie doch die Grundlage für das Medium, sein eigenes Vertrauen in die geistige Welt und damit die Verbindungsklarheit zu festigen.

Der mediale Entwicklungsweg

So wächst das Medium im Laufe der Zeit sowohl in Bezug auf seine medialen Fähigkeiten (die Entwicklung dessen ist Fokus dieses Buches) als auch im Hinblick auf seine spirituelle Persönlichkeit. Die medialen Fähigkeiten, auf der Erde erlernt, helfen zudem der verstorbenen Seele auf der Seite des Anderen Lebens die auf der Erde gesammelten Lernlektionen schneller zu erfassen und zu lösen. Ohne die finale Wirkung abschätzen zu können, erleichtert jeder, der sich von euch auf den medialen Weg begibt, die Arbeit so vieler anderer Seelen sowohl in eurer Welt als auch in unserem Anderem Leben.

Dies ist auch der Grund, warum es uns so sehr am Herzen liegt, Medien zu unterstützen, sich zu entwickeln, egal wie alt diese sind. Denn alles, was hier auf der Erde – wenn auch noch so kurz – vor dem Übergang in das andere Leben gelernt wird, kann uns später dienen, im Sinne der weiteren Entfaltung des göttlichen Potenzials. Die Geschichte zeigt, dass viele bekannte Medien in England ihre medialen Fähigkeiten erst dann ausübten, als sie im höheren Alter angelangt waren. Werden doch die Fäden, die die Seelen auf der Erde halten, gerade im höheren Alter immer dünner und die Menschen dadurch durchlässiger für unsere Worte. Dies heißt nicht, dass das Alter eine notwendige Voraussetzung ist, um als Medium erfolgreich zu arbeiten.

Viele, die heute und früher medial wirken, haben diese Fähigkeiten seit ihrer Geburt, so wie auch andere Menschen Talente mitbringen und später z. B. virtuose Pianisten, Sänger oder erfolgreiche Schachweltmeister werden. Andere wieder öffnen sich der medialen Disziplin im Laufe ihres Lebens, wenn sie durch Schicksale und/oder eigenes Streben die spirituellen Vorrausetzungen dafür geschaffen haben, dass ihnen diese doch sehr heiligen Gaben zur Verfügung gestellt werden. Auch hier gibt es viele unterschiedliche Startpositionen, von denen sie ausgehen, jedoch deuten alle in dieselbe Richtung: sich in Liebe und im Frieden anderen zur Verfügung zu stellen, um als heilende Botschafter in beiden Welten zu dienen.

*

M: Ich glaube, dass wir alle seit unserer Geburt mediale Fähigkeiten in uns haben; wir haben aber den Zugang dazu verloren und dürfen diesen nun durch intensive Übungen wiederentdecken. Rückblickend gab es in meiner frühen Kindheit mehrere Ereignisse, die mich heute daran glauben lassen, dass wir seit unserer Geburt (und darüber hinaus) mediale Menschen sind.

Im Alter von ungefähr 8 Jahren lag ich in meinem Kinderbett und spürte in der Einschlafphase, wie sich mein Astralkörper von meinem physischen Körper löste und langsam in Richtung Zimmerdecke levitierte. Ich beobachtete mich in völliger Dunkelheit dabei aus zwei Perspektiven: einmal, im Bett liegend, durch die geschlossenen Augen nach oben blickend und einmal von der Zimmerdecke herab nach unten blickend. Ohne Sorge oder Angst schaute ich aus beiden Perspektiven gleichzeitig, nahm wahr und ließ zu. Als ich am nächsten Morgen meiner Mutter davon erzählte, erntete ich lediglich einen mitleidigen Blick und die Frage, ob ich am Abend zuvor nicht doch zu viel gegessen hätte. Danach vergaß ich diesen Vorfall wieder.

Ein anderes Mal fühlte ich mitten in der Nacht, dass sich Hände an meinen Augenlidern befanden. Fingerspitzen griffen nach den Augenlidern und durch die Lider hindurch auf meine Iriden zu. Ich hatte das Gefühl, als ob die Iris, als ob die Iriden von den Augäpfeln abgezogen würden. Die zunächst aufflackernde Panik verstummte, als ich mich in das Gespräch mit einem geistigen Wesen einließ, die mir in wenigen Worten zu verstehen gab: „Es sind nicht die Augen, mit denen du siehst!"

Wenige Jahre später ging ich öfter schlafwandelnd durch mein Zimmer und die an-

liegenden Zimmer im Haus meiner Eltern. Beim Schlafwandeln, also mit geschlossenen Augen, „sah" ich trotzdem genau, wo welche Möbel standen, welche Tür offen stand und welche geschlossen war und entsprechend geöffnet werden musste. Nach vollbrachtem Rundgang legte ich mich jeweils wieder ins Bett. Nur einmal wurde ich beim Schlafwandeln durch ein Geräusch aufgeschreckt, doch war dieses Geräusch nur von mir zu hören, und zwar so laut und irritierend, dass ich torkelte, stolperte und mit der Stirn gegen eine Tischkante knallte. Das wiederum machte ein Geräusch, das meine Eltern aufschrecken ließ. Ich musste zum Dorfarzt gefahren werden; eine feine Narbe über meinem rechten Auge zeigt noch heute die Spuren dieses Unfalls. Mit diesem Ereignis endeten meine nächtlichen Wanderungen.

Dies sind die Ereignisse, die mir in meinen jungen Jahren widerfuhren und an die ich mich heute dank jahrelanger Meditation wieder erinnern kann. Ich werte sie heute als Versuche der geistigen Welt, den Kontakt zu mir aufzubauen und mir Beweise für ihre Existenz geben zu wollen; zwar auf eine für mich heute befremdliche Art, aber vielleicht konnte ich es damals nicht anders verstehen, sodass die geistige Welt einen Zugang wählte, den ich wahrnehmen konnte.

*

I: Als ich 2013 die Ausbildung bei Gordon Smith begann, war ich überzeugt, dass ich keine angeborene Begabung für die Medialität mitbrachte und quasi bei null anfing. Ich konnte weder die Aura sehen noch Verstorbene wahrnehmen; ich hatte bis dahin keine nachhaltigen, das Bewusstsein erweiternden Zustände erlebt. Meine naturwissenschaftliche Grundausbildung als Psychologin hatte mich eher in eine Richtung gelenkt, die konträr zu all dem stand, was ich später in der medialen Ausbildung erfahren habe. Heute ist mir bewusst, dass mich mein Lebensweg bzw. die herausfordernden Lebensereignisse darauf vorbereitet haben, mich dem Thema „Verstorbenen-Kommunikation" und Trance zumindest zu öffnen. Heute bin ich daher davon überzeugt, dass ich mir, als ganz normaler Mensch, die medialen Gaben erst später in meinem Leben aneignete, dank der Hilfe sehr guter Lehrmeister und mit Disziplin und viel Freude.

*

Die Achtung vor der eigenen Größe und der Größe all jener, die an der Kommunikation beteiligt sind, ist eines der Zeichen, an denen wir erkennen, wieweit die Persönlichkeit eines Mediums gewachsen ist. Sich nicht abschrecken zu lassen von aggressiven oder depressiven menschlichen Gestalten, von der Hoffnungslosigkeit, dem Gram und der mangelnden Bereitschaft, Verständnis zu zeigen, führt dazu, dass die menschliche Anhaftung an das, was außen geschieht, nachlässt und das Vertrauen zu uns und in das andere Leben wächst.

Hier dürfen wir mit unserem Wissen die Menschen begleiten, die bereit für die Aufnahme dieses besonderen Geheimnisses und Mysteriums sind. Denn letztendlich gilt auch hier: Nur die Bereitschaft und die Fähigkeit, andere tiefer zu verstehen, führt dazu, dass sich die Liebe und Barmherzigkeit weiter in dem Medium ausbreitet. Es ist ein Verständnis, das nicht allein auf der Erde erworben werden kann, denn das menschliche Vermögen reicht nicht aus, um Sachverhalte in ihrer Komplexität bis zum Kern zu durchdringen, und das Medium wird oft mit seinen Wahrnehmungen und sicherlich auch mit seinen Beurteilungen zu kurz schließen. Darum empfehlen wir das Studium nicht nur der alten Schriften und Werke weiser und medialer Persönlichkeiten, sondern auch die stetige Ausbildung der Herzensdisziplinen und den Aufbau der körperlichen Kraft.

Gerade das Letztere wird oft von Medien außer Acht gelassen; hier wollen wir euch bitten, den Tempel und das Gefäß, das ihr nutzt, sorgfältig zu pflegen und auf seine Weise zu fördern. Ruht nicht zu sehr aus nach getaner medialer Arbeit, sondern macht einen kleinen Spaziergang, bewegt eure Zellen, sodass sie euch lange in Bewegung halten mögen. Ihr mögt euch fragen: Was passiert während der medialen Arbeit in meinem Körper? Ihr werdet es noch feststellen; wie bei jeder anderen Arbeit auch wird es Tage geben, wo die körperlichen Reaktionen so sind, dass ihr euch als leichter, fröhlicher und beweglicher nach der medialen Arbeit wahrnehmt. Und es wird andere Tage geben, wo ihr die Schwere, die Trägheit und die Verletzlichkeit eures Körpers wahrnehmt. Beide Zustände haben ihre Berechtigung und gehören, wie bei jeder anderen Arbeit, zu eurem täglichen Leben dazu. Interpretiert weder das eine noch das andere über, sondern lasst euch durch keine der beiden Tendenzen von eurem Weg abbringen. Dies ist eine notwendige Pendel-Bewegung des Körpers, um mit den neuen Erfahrungen eurer Persönlichkeit zurechtzukommen.

*

An dieser Stelle wollen wir auch noch einmal darauf verweisen, dass es so etwas wie Verletzlichkeit in unserem Sinne nicht gibt. Das, woraus ihr seid, ist unverletzlich und kann nicht zerstört werden. Die empfindsamen Wahrnehmungen machen euch natürlich offener für das Spektrum aller Wahrnehmungsmöglichkeiten, sodass ihr Aspekte des Lebens nun zum ersten Mal und ggf. viel intensiver und klarer wahrnehmt, teilweise bis hin zu der Unerträglichkeit des Seins.

Auch dies ist nur ein Phänomen, und es gilt, sich hierauf nicht zu sehr zu fokussieren. So, wie ein durchlässiges Kleidungsstück der Haut mehr Wind und ggf. auch mehr Regen und Sonnenschein zumutet, so werdet auch ihr immer mehr die Vielfalt des Lebens an euch heranlassen. Wisst jedoch, dass ihr in diesen Momenten alles besitzt, um mit neuen Konditionen zurechtzukommen. Denn darum geht es hier auch: euch bewusst dazu zu entschließen, das, was ihr seid, mit all eurer Schöpfungskraft und euren vielfältigen Potenzialen anzuerkennen und wertzuschätzen, sowie diesen neuen Fähigkeiten zu vertrauen. In jenen Momenten, in denen ihr in eurer angeblichen Übersensibilität gefordert werdet, könnt ihr zeigen, dass ihr sowohl die Fähigkeiten besitzt, damit umzugehen, als auch das Vertrauen in euch und in uns habt, dass euch und anderen nichts Verkehrtes geschieht.

Die Anhaftung an das Emotionale und an die Empfindsamkeit eures Seins mag zu Beginn eures medialen Weges zwar ein guter Kompass in den Beziehungen zu anderen Menschen sein, sollte jedoch nicht den Gral (*Parzival Legende= heiliger Kelch*) darstellen, der euch zu der Freude des Seins führt. Der Gral ist auch in diesem Kontext nur das Vertrauen in eure eigene Kraft, in eure medialen Fähigkeiten und vor allem in eure Liebe. Er kann durch nichts anderes erschüttert werden als durch eure eigenen selbstzweifelnden und zerstörerischen Gedanken.

Der Köper ist weniger verletzlich, als ihr glaubt, und da dies heute hier nicht der Fokus ist, sei nur so viel gesagt: Der Köper sollte wie ein gutes Kleidungsstück „getragen" werden. Auch mit diesem geht man pfleglich um, doch sieht man sich nicht als das Kleidungsstück. Stattdessen identifiziert ihr euch mit dem, was das Kleidungsstück ausfüllt. Genauso möge der Umgang mit eurem Körper sein: Lernt ihn gut kennen, achtet und schützt ihn, soweit nötig, doch seid euch bewusst: ihr seid nicht dieses Stück göttliche Kleidung, denn sobald es seinen Dienst getan hat, wird es abgelegt und ihr wandert in eurer nicht-materiellen Form einfach weiter.

Das Leben als Medium verändert sich nicht in der Weise, wie es Neulinge oft wahrzunehmen glauben oder sich wünschen. Denn bevor man sich selbst auf den Weg zur Medialität aufmacht, hat sich bereits das eine oder andere Wahrnehmungsorgan entwickelt. Erst dann findet man Interesse, sich auf den Weg der Medialität zu begeben. Auch der Liebe zu dienen, ist bereits zu Beginn des medialen Weges da, und dieses Dienen darf sich dann weiterentwickeln.

Das Leben als Medium ändert sich nur insofern, als dass das zukünftige Medium diesem Interessensgebiet mehr Raum und Zeit widmet und daher vor der Aufgabe steht, die Zeiteinteilung und die Prioritätensetzung im eigenen Leben neu zu beurteilen. Dies wird häufig am Anfang der medialen Reise übersehen, denn ähnlich, wie beim Erlernen jeder neuen Fähigkeit und beim Ausüben eines neuen Hobbys, heißt dies auch, dass ggf. für eine Weile auf das Verfolgen der bisherigen Prioritäten verzichtet werden darf.

Auch lernt das Medium schnell, dass ein tieferer Wunsch, die besondere Anerkennung von anderen zu gewinnen, auf diesem Wege nicht erfüllt wird. Im Gegenteil, viele, die sich auf den Weg machen, werden entdecken, dass andere wenig Notiz davon nehmen oder kaum Interesse an dieser neuen Leidenschaft zeigen. Dies hat seine Berechtigung. Ist es doch so, dass hier die Gabe, etwas bedingungslos, ohne Anerkennung zu verfolgen, praktiziert wird.

Die Freude und die Liebe im Tun sind der einzige Lohn, den es zu Beginn einzusammeln gibt, und auch hier wird sich nach einer gewissen Weile eine Nüchternheit einstellen: Im Moment war man noch als Medium mit seiner Gabe aktiv, im nächsten Moment ist man wieder im gewöhnlichen Seins-Zustand angelangt und alles fühlt sich sehr neutral und harmonisch an, ohne dass man selbst großen Stolz und Zufriedenheit verspürt. Auch dies ist ein Zustand, der dazu führt, dass manche vorschnell abbrechen. Erwarten sie doch, dass der Zustand der inneren Zufriedenheit, das Gefühl der Verbundenheit und des besonderen, heilig empfunden Moments auch nach der Sitzung andauert.

Doch dem ist nicht so. Hierin liegen die Gefahren, die auch schon Menschen in alten Kulturen dazu bewogen haben, den Weg in die Medialität nicht mit der großen Öffentlichkeit zu teilen: die Gefahr, süchtig zu werden nach einem Bewusstseinszustand, der nicht der eigene ist, sondern nur für den Moment der Ausübung der Gabe geliehen wird. Denn eine selbstsüchtige, lieblose und ggf. auch schlecht vorbereitete Durchführung medialer Arbeit verstärkt die Furcht vor medialen

Fähigkeiten, den Aberglauben, und dient nicht dem größeren Ganzen.

So fragt ihr euch: Darf ich nicht nach einer gelungen Sitzung Zufriedenheit, ein Gefühl des Glücks und des Stolzes erfahren? Und wir sagen euch: Ja, das dürft ihr, und gerade am Anfang hilft euch dies, die Motivation zum disziplinierenden Üben der Kunst aufrechtzuerhalten. Doch es wird der Moment kommen, wo ihr übergleitet in ein Gefühl von „Das war's und es war gut"; ihr werdet euch auf das konzentrieren, was vor euch liegt, und wenige Erinnerungen und Gedanken bewahren an das, was hinter euch liegt.

Die Liebe und die Verbundenheit im Moment der medialen Arbeit sind der Lohn, den ihr einsammelt; er ist größer, als ihr euch dies im Moment eures menschlichen Daseins vorstellen könnt. Die Liebe und die Achtung derjenigen, die von unserer Welt aus mit euch arbeiten und teilweise auch von der weltlichen Seite, werden euch begleiten und eine so umfassend beständig sein, wie ihr es auf der Erde nicht so erlebt. Das ist es, was wir euch zu Beginn mitgeben wollen, und diese Erläuterung mag euch helfen, wenn ihr ähnliche Zustände und Erfahrungen einsammelt.

Verschiedene Formen der Medialität

Wir unterscheiden unzählige Übertragungskanäle der Medialität und auch unzählige Abstufungen der Praxis der Medialität. In eurem Kulturkreis sind vor allem das Hell-Fühlen, Hell-Sehen und Hell-Hören bekannt, genauso wie Telepathie bzw. inneres Wissen. Darüber hinaus werden Formen des Hell-Riechens und Hell-Schmeckens definiert. Dies sind alles mediale Übertragungskanäle, die ihr in den kommenden Übungen näher betrachten bzw. erfahren werdet.

*

M: Dass mediales Hell-Sehen nicht salonfähig ist, bekam ich vor einiger Zeit in der U-Bahn mit. Ich hörte ein vielleicht 6-jähriges Mädchen seine Eltern fragen: „Warum sind denn die da unter der Decke? Können die hier nicht raus?" Die Eltern schwiegen betroffen; offensichtlich erschien ihnen die laut gestellte Frage ihres Kindes als unpassend und peinlich. Ich jedoch schaute interessiert in Richtung der U-Bahn-Waggondecke und nahm Energien wahr, noch schemenhaft, aber ich spürte, dass dort etwas war.

*

Diese Kanäle können für unterschiedliche mediale Disziplinen eingesetzt werden, wobei alle Disziplinen eines gemeinsam haben: Sie dienen dazu, zu belegen und erfahrbar zu machen, dass es mehr gibt als diese Welt, in der ihr lebt. Und sie ermöglichen euch den Zugang zu einer Unterstützung, die euer Leben leichter, friedlicher und harmonischer gestalten kann. So sind alle Disziplinen letztendlich in der einen oder anderen Weise heilsamer Natur.

In der medialen Kommunikation hat das Medium die Möglichkeit, zum einen auf der horizontalen, persönlichen Ebene, im Sinne eines psychischen Lesens (oft auch Aura- oder Energiefeld-Lesen genannt), Ereignisse oder Geschehnisse aus dem Leben des Empfängers / der Verstorbenen zu lesen. Diese Kunst ist über Fleiß relativ einfach zu erlernen und führt dazu, dass die mediale Wahrnehmung auf der horizontalen Ebene zwischen den beteiligten Menschen ausgeweitet wird. Zum anderen gibt es die medialen Disziplinen der vertikalen medialen Übermittlung. Hierbei ist ein geistiger Helfer von unserer Seite stark involviert. Wir unterscheiden die Jenseits-/Verstorbenen-Kommunikation vom Kommunizieren von Botschaften (Channeling) und medialer Heilung, die wir später in unseren Übungen erlebbar machen.

Bei den Jenseits-Kontakten oder der Verstorbenen-Kommunikation, der ersten Disziplin, wird tatsächlich über ein Medium auf eurer Seite und einem Medium (auch „geistige Helfer" genannt) auf unserer Seite, Kontakt zu geliebten verstorbenen Wesen aufgebaut. Diese Fähigkeit ist eine sehr heilige Gabe und erfordert viel innere Stärke und Mut, gerade weil dieser medialen Disziplin in eurer Kultur noch sehr viel Skepsis und Widerstand entgegengebracht wird.

Die zweite Disziplin wird im deutschsprachigen Raum oft „Channeling" genannt *(in England „philosophische Kommunikation")*. Diese erstreckt sich über die reine Kommunikation von mehr oder weniger persönlichen bis hin zu philosophischen Botschaften an den Empfänger. Beim Channeling wird weniger ein konkreter Verstorbener identifiziert oder erkannt. Hier ist die Grenze zwischen dem, was das Medium einer anderen Person sagt, und einer tatsächlichen Kommunikation zwischen unserem Anderen Leben und eurer Welt am fragilsten, und diese Art der medialen Kommunikation kann unschöne Abweichungen und Fehlinterpre-

28

tationen hervorrufen. Denn auch hier wird der Heilungsgrad der Botschaft davon abhängen, inwieweit das Medium mit seinen eigenen Interessen, Wünschen und Bedürfnissen zurücktritt und in voller Dienstbarkeit und Hingabe die Botschaften aus unserem Anderen Leben auf eure Welt transportiert. Hier kommen die Gütekriterien, die wir in früheren Kapiteln schon erwähnt haben, als wichtiges Unterscheidungskriterium zur Geltung.

Ferner gibt es die Möglichkeit, sich mit uns geistigen Wesen zu verbinden, um sich selbst und andere zu heilen. Hier gibt es zahlreiche Varianten medialer Heilungsformen, doch allen ist gemeinsam, dass der Grad bzw. die Intensität der Verbundenheit zwischen dem Medium und uns geistigen Wesen ein erfolgskritischer Faktor ist. Der Grad der Verbundenheit zwischen dem Medium und unserer Welt kann sehr stark variieren, je nach Entwicklungsstufe und aktueller Verfassung des Mediums. Es gibt Medien, die sich im Abschlussstadium ihrer Entwicklung in einer Voll-Trance befinden, d. h. sie bekommen zum Teil oder auch gar nichts mehr von dem mit, was durch ihren Mund kommuniziert wird. Sie befinden sich in einem traum- bzw. schlafähnlichen Zustand. Dieser Zustand ist sehr schwer zu erreichen, und nur wenigen gelingt es, auf ihrer medialen Reise diese Gabe oder auch die Motivation und Hingabe hierfür zu entwickeln.

*

I: Wir persönlich haben auf unserer medialen Entwicklungs-Reise sowohl den brasilianischen Heiler Joao de Deus als auch bekannte Medien, bspw. Gordon Smith, Steven Levett, Eileen Davis, Matthew Smith oder John Upton, in tieferen, zum Teil Voll-Trance-Zuständen erlebt. In Voll-Trance ist für die Anwesenden deutlich erkennbar, dass die eigene Persönlichkeit des Mediums zugunsten einer Überspiegelung durch eine andere geistige Wesenheit zurücktritt. Für hellfühlige Menschen ist zudem eine Veränderung der Dichte der Atmosphäre im Raum erfahrbar und hellsichtige Menschen nehmen darüber hinaus Farben wahr, ggf. auch die geistigen Helfer in ihrer ganzen Gestalt.

*

Wir, von der jenseitigen Welt, nutzen jeden Grad der Empfänglichkeit eines weltlichen Mediums bei unserer Arbeit. Wir beginnen mit dem inspirierenden Arbeiten, im Rahmen seines Alltagsbewusstseins, arbeiten dann intensiv an der aktiven Gestaltung der Erfahrungen von gegenseitiger medialer Verbundenheit und weiter bis zu tieferen medialen Entspannungszuständen. Für die mediale Durchlässigkeit spielen der Zustand und die aktive bzw. passive Mitarbeit des Mediums aus unserer Sicht weniger eine Rolle als vielmehr dessen Liebes- und Hingabefähigkeit.

Wenn man sich entschlossen hat, den medialen Weg einzuschlagen, so stellt sich oft die Frage: Wie gehe ich hier am besten vor? Nun, es ist zu empfehlen, neben den folgend vorgeschlagenen Übungssequenzen auch im Rahmen gemeinsamer Trainings- und Übungsgruppen die eigene Medialität entfalten zu wollen. Aus unserer Sicht sind bei der Auswahl der Trainings- und Übungsgruppen der Lehrer und die inhaltlichen Themen durchaus relevant, aber nicht der Kern, auf den die eigene Aufmerksamkeit gerichtet sein sollte. Hier bitten wir um vor allem eines: Zeit und Disziplin.

Zeit gilt es zu schaffen für die eigenen Übungssequenzen und auch für das eigene persönliche Wachstum; Disziplin im Sinne der Entschlossenheit und des Durchhalten-Wollens. Selbst wenn man Schwimmen lernt, hat man Phasen, in denen nicht alles rund läuft, die Motivation nachlässt und der Zweifel einsetzt. Dies ist beim Erlernen der medialen Gaben genauso der Fall. Eine regelmäßige Zeit des Übens hilft, um das Erlernte zu festigen, aber auch um den Beteiligten aus der geistigen Welt einen festen Rahmen zu geben. Insbesondere der menschliche Körper kann in einer rhythmisch strukturierten Umgebung viel besser lernen und sich entfalten als unter unregelmäßigen Raum- und Zeitbedingungen. Doch ist auch dies nur eine Hilfe, um die Disziplin für das Üben zu stärken. Der mediale Weg kann auch spontan immer wieder begangen werden, ohne sich an feste Zeiten und Räumlichkeiten binden zu müssen.

I: Meine berufliche Tätigkeit als Unternehmensberaterin und die damit einhergehenden unterschiedlichen Reise- und Arbeitszeiten sowie Übernachtungssituationen erschienen mir gerade zu Beginn ein störendes Hindernis für mein diszipliniertes Üben zu sein. Doch ich lernte sehr schnell, dass, solange ich eine ernsthafte Intention zeigte, das Üben sowohl zeitlich als auch räumlich überall möglich war. An Orten, die ich im ersten Moment als schwierig zum stillen Üben empfand, war das anfängliche Störgefühl – dank meiner Freunde aus der geistigen Welt – nach wenigen Minuten nicht mehr vorhanden. Dies lehrte mich, dass mich meine eigenen Gedanken und Vorstellungen bei der Ausübung der medialen Kunst begrenzten und meine geistigen Freunde mit mir jedoch zu jeder Zeit – wenn von mir gewünscht bzw. wenn die Situation es erforderte – eng zusammenarbeiten konnten.

Konfrontiert mit eurer Angst, gibt es nur eine einzige effektive Strategie: Erkennt bzw. akzeptiert, dass ihr Angst und Furcht habt, und entscheidet euch, stattdessen ins Vertrauen zu gehen und der Liebe zu folgen. Bittet uns geistige Wesen um Unterstützung und Beistand. Alles ist da! Probiert es aus, auch in eurem alltäglichen Leben; ihr werdet sehen, dass es nach anfänglichen Schwierigkeiten wunderbar funktionieren wird. Beim Üben ist es wichtig, den inneren Impulsen zu folgen, d. h. einem Gedanken, einem inneren Gefühl, vielleicht auch einem inneren Verlangen. Die Liebe, das Licht und eure Bereitschaft, anderen mit einer wunderbaren Gabe dienen zu wollen, ist das, was euch leitet, und nichts anderes.

Sollten zweifelnde Gedanken auftauchen oder Ängste, so bitten wir euch, euch innerlich zu sagen:

„Ich vertraue meinem höheren Selbst und all den schöpferischen, lichtvollen und positiven Kräften, die mich auf diesem Wege begleiten.“

Und solltet ihr andere Wege der Achtsamkeit und der Wertschätzung eures eigenen Erlebens und Seins kennen, so nehmt den Weg, der euch vertraut ist, denn dieser wird euch mit Freude und vermutlich geringerer Überwindung und weniger Ängsten zum gewünschten Ziel führen. Vertraut ferner darauf, dass ihr vorankommt, auch wenn ihr den Eindruck habt, dass gerade nichts passiert.

*

I: Die schwierigsten Phasen waren für mich die Übungssequenzen, bei denen ich dachte, es bewegt sich nichts und ich komme nicht voran. Natürlich gibt es Tage, wo tatsächlich mal alles nicht rund läuft. Doch in einer Vielzahl von Botschaften, die mir von unterschiedlichen Medien überbracht wurden, lehrte mich die geistige Welt, dass sich stets etwas weiter entfaltete, auch wenn ich es mit meinen weltlichen Sinnen nicht wahrnahm.

Ferner durfte ich mich erst an den Gedanken gewöhnen, dass auch auf der anderen Seite mit mir „geübt werden musste“, d. h. meine geistigen Freunde benötigten meine Präsenz, um auch auf ihrer Seite Fortschritte in der Zusammenarbeit mit mir zu erzielen. Wenn mal wieder kein Fortschritt sichtbar war, tröstete mich dieser

Gedanke sehr und half mir, nicht demotiviert aufzugeben.

*

Nehmt euch in den nächsten Wochen regelmäßig eine halbe Stunde am Tag Zeit für die ersten Übungen, und wenn ihr könnt, sucht oder gründet eigene Übungsgruppen. Wir, von unserer Seite, werden euch führen und unterstützen, und es werden sich Möglichkeiten zum Üben ergeben, die ihr in der Form heute noch nicht wahrnehmt. Natürlich kann das Üben in der Gemeinschaft dazu dienen, dass man selber am Ball bleibt und sich nicht demotiviert zurückzieht. Für alle, die gewillt sind, nicht nur allein, sondern mit anderen gemeinsam diese mediale Reise zu unternehmen, dürfte das Kapitel „Aufbau einer Übungsgruppe" hilfreich sein.

1. Übung: Bewusstes Wahrnehmen

In den ersten Übungs-Wochen empfehlen wir das Sitzen in der Stille, oder wie manche auch sagen, in der eigenen Kraft. Damit ist nicht gemeint, dass man innerlich, also gedanklich still sein/werden muss. Das ist zu Beginn, und für viele auch bis zu ihrem Tod, nicht möglich. Damit wollen wir sagen, dass es darum geht, sich einmal im Nichtstun zu üben: nach innen zu lauschen und wahrzunehmen, wie sich der physische und emotionale Körper im Moment anfühlt, und im fortgeschrittenen Stadium auch, welche Gedanken durch den eigenen Kopf marschieren. Es gibt viele Wege in eurer Welt, diesen Moment der Stille bewusst zu genießen und zu erfahren. Wir wollen zuerst eine ganz einfache Methode beschreiben, die euch helfen wird, alle Aspekte eures Körpers bewusster zu erfahren.

Wenn ihr euch hinsetzt (das Liegen ist am Anfang aufgrund der Einschlafgefahr weniger geeignet; im Stehen geht es auch, das ist jedoch nicht ganz so entspannend), so bitten wir euch erst einmal darum, bequem und wenn möglich aufrecht zu sitzen. Achtet zu Beginn der Übung auf eure Motivation, denn eure Motivation entscheidet darüber, wie die Übung verlaufen wird. Setzt ihr euch hin mit der Intention, tiefer in die Meditation einzusteigen und Neues über euch selbst zu erfahren, dann werdet ihr eine andere Art der Erfahrung sammeln als die, die ihr aufgrund von Pflichtgefühl und Zielstrebigkeit macht. Von diesem Moment an könnt ihr darauf vertrauen, dass eure Intention Realität wird.

Wer mag, kann uns Helfer aus der anderen Welt um Beistand bitten, damit wir euch helfen mögen, ruhiger im Geist und gelassener im Umgang mit euren Emotionen zu werden und entspannter in eurem Körper zu sein. Denn dazu sind wir da: euch den Einstieg in die Kommunikation so sehr zu erleichtern wie nur möglich. Ein falscher Ehrgeiz, alles allein machen zu wollen, um keinem verpflichtet zu sein, ist nicht dienlich; sind wir doch alle miteinander verbunden; euer Erfolg ist auch der unsere.

Im ersten Schritt setzt euch hin und nehmt euren Köper wahr. Dabei spielt es keine Rolle, ob ihr den ganzen Körper wahrnehmt oder nur einzelne Teile oder Regionen. Eine Hand kann ein interessantes Objekt der Beobachtung sein; eine Hand mit allen unterschiedlichen Wahrnehmungs-Faktoren zu erfassen, ist eine lohnenswerte und abenteuerliche Art der Entspannung. Es ist ein Vorteil, wenn ihr immer mal wieder einen anderen Teil eures Körpers wahrnehmt, denn je besser ihr euren ganzen Körper kennt, desto besser könnt ihr später die Körpereigenschaften der Verstorbenen beschreiben, wenn diese ihre Körperwahrnehmungen mit euch teilen.

So erforscht in eurer Wahrnehmung z. B. eure rechte Hand: Fangt mit dem Handgelenk an, spürt nach rechts, nach links, identifiziert, wie warm es ist, schaut, ob ihr ein Strömen, ein Pulsieren des Blutes spürt usw.. Lasst euch dabei ruhig Zeit. Je tiefer ihr in eurem Körper verankert seid, desto intensiver können wir mit euch arbeiten, denn ihr seid dann mit diesem vertraut und ungewohnte Wahrnehmungen werden euch dann nicht mehr so leicht überraschen.

In einem zweiten Schritt bitten wir euch, wahrzunehmen, was ihr innerlich fühlt: Ist eine kleine Nervosität anwesend, eine angespannte Neugierde? Wenn ja, so geht es euch wie vielen da draußen, die mit der Arbeit beginnen; es ist, als ob man ein erstes Rendezvous vor sich hat und nicht weiß, was einem gleich begegnen wird. Ähnliche Gefühlswelten können bei einem medialen Kontaktaufbau entstehen.

Wenn ihr ein Gefühl erkannt habt, dann nehmt auch dieses ähnlich wie die Hand in seiner ganzen Einzigartigkeit, Tiefe und Schönheit wahr. Wer kann, lässt sich fallen und erforscht, was es bedeutet, in diesem Gefühl voll aufzugehen. Und dabei unterscheidet für den Moment nicht in sogenannte Licht gebende und Dunkelheit schaffende Emotionen.

In den ersten Wochen geht es wirklich darum, zu erfahren, welche emotionalen Befindlichkeiten, „emotional player" (*Spieler*), sich in einem selbst befinden, und diese Emotionen in all ihren Facetten zu akzeptieren und zu würdigen. Denn auch Gier, Eifersucht, Hass und Verzweiflung werden Emotionen sein, die über euch hinweg „transportiert" werden, bspw. vom Empfänger zum geistigen Wesen oder umgekehrt, insbesondere weil der Verstorbene gerne seinen eigenen Charakter (*zu Lebzeiten*) dargestellt wissen möchte und dazu die emotionale Hell-Fühligkeit des Mediums verwenden will. Wer mit diesen Emotionen dann selbst in Resonanz geht, verzerrt unter Umständen die Botschaften, indem er sie intensiviert, ignoriert oder gar bewusst unterdrückt, da er sich selbst im Erleben dieser Emotionen nicht wohlfühlt. Es gilt zwar, die Emotionen zu erleben, zu erfahren, aber ohne damit selbst in Resonanz zu gehen, um sie als gewünschte Emotionen möglichst rein, d. h. authentisch, weiterzugeben, oder diese für sich selbst in Neutralität aufzulösen, insbesondere wenn sie vom weltlichen Empfänger stammen. So ist das Studium der eigenen Emotionalität und der Emotionalität anderer eine notwendige Vorbereitung, um später als Medium den emotionalen Stürmen auf den beiden Seiten der jeweiligen Sender und Empfänger gewachsen zu sein.

Die dritte Stufe dieser Übung ist etwas herausfordernder, denn der Fokus liegt hierbei auf eurer Gedankenwelt; arbeiten wir doch oft mit eurer Gedankenwelt als Inspiration. Daher ist es schwieriger für das Medium zu unterscheiden, welche Gedanken von uns und welche von seiner eigenen fantasievollen Gedankenwelt stammen bzw. der des Empfängers, welche unbewusst, im Sinne eines Energiefeld-Lesens (*Englisch: Psychic Reading*) nur von ihm wieder gespiegelt werden.

Die Liebe zu der eigenen Gedankenwelt ist das, was eure Persönlichkeit ausmacht. Und hier gilt es nun zurückzutreten und auch diese Gedankenwelt lediglich in all ihrer Vielfalt kennen und schätzen zu lernen:

> ➢ Welche Gedankenmuster sind mir besonders vertraut, weil ich sie häufig nutze?

> ➤ Welche Sprache verwende ich?

> ➤ Wie reagiere ich innerlich auf äußere, plötzliche Ereignisse?

Dies sind Aspekte, die es zu eruieren gilt, und dies geschieht von allein, wenn der medial Reisende sich hierfür die Erlaubnis und den Raum gibt, die jeweiligen Seins-Zustände zu erforschen.

Lasst euch bei jedem dieser Schritte von eurer innewohnenden Intuition leiten. Sie wird euch die gewünschte Dauer der Beobachtung, aber auch die Klarheit bei der Auswahl der jeweiligen zu beobachtenden Aspekte vermitteln.

*

Wir wollen die Übungsschritte zum bewussten Wahrnehmen noch einmal kurz zusammenfassen:

---

1. Übung:

a) Setze dich ruhig hin und verweile in Stille.

b) Beobachte zuerst einen deiner Köperteile und erforsche ihn.

c) Betrachte eine deiner auftauchenden Emotionen. Tauche in diese eine Emotion ein und erfahre sie in ihrer ganzen Komplexität und Vielfalt.

d) Betrachte weiterhin deinen aktiven Verstand. Schaue dir deine Gedankenwelt an und beobachte deine Reaktionen. Du brauchst sie nicht zu beurteilen, (auch wenn das am Anfang passieren könnte), sondern nehme die Gedanken nur zur Kenntnis.

e) Runde zuletzt die Übung ab, indem du einfach wieder still da sitzt und nichts tust.

---

2. Übung: Die Entfaltung der eigenen Liebesfähigkeit

Wir betonen immer wieder die Liebe, die die Grundlage des medialen Arbeitens ist. Die eigene Liebesfähigkeit zu stärken, darum geht es in der nächsten Übung. Hier fokussiert ihr euch auf die Entfaltung eurer eigenen Liebesfähigkeit:

Setzt euch ruhig hin und lasst eure Gedanken ziehen. Beobachtet euren Atem: Atmet ruhig ein und aus, ohne den Atem kontrollieren zu wollen. Beobachtet nur, was geschieht, vor allem beobachtet ohne Wertung, wie schnell eure Aufmerksamkeit sich verliert, d. h. wie schnell ihr den Fokus auf den Atem verliert. Dies ist zu Beginn eine ganz natürliche Reaktion; seid ihr es doch von eurem Alltag her gewöhnt, nach Neuem Ausschau zu halten und euren Blick und damit eure Aufmerksamkeit schweifen zu lassen. Es gibt also keine Notwendigkeit, hierbei kritisch mit euch umzugehen.

Während ihr nun den Atem beobachtet, seid euch bewusst, dass es nichts in dieser Welt gibt, das nicht selber auch von dieser Luft umgeben ist, die ihr einatmet. Alles ist ummantelt von Luft. Alles, was lebendig ist, atmet Luft ein und aus. Stellt euch nun vor, dass alles, was ihr kennt, von Luft umgeben und durchdrungen ist. Malt diese Szene einfach in eurem Kopf aus.

Mit dem Einatmen verbindet ihr im nächsten Schritt die Vorstellung, dass ihr fürsorgliche Liebe einatmet. Es ist die göttliche Fürsorge, die euch auf der Grundlage komplexer Prozesse ermöglicht, Luft einzuatmen. Bis zu Millionen Lichtjahre entfernt gibt es keinen Ort, wo ihr so wunderbar fürsorglich genährt werdet mit Luft wie hier auf der Erde. Und diese Luft ist eine Form von Liebe, einer ganz fürsorglichen Liebe, voller Fülle und Vielfalt. Atmet sie ein in diesem Bewusstsein und atmet sie einfach in Stille wieder aus. Atmet die fürsorgliche Liebe ein und atmet sie in Stille wieder aus. Tankt euch auf mit der fürsorglichen Liebe des Luftseins – lasst es einfach geschehen – und atmet im Stillen aus.

Sagt beim Einatmen: Ich atme die fürsorgliche Liebe Gottes/der Schöpfungskraft ein und ich atme sie in Stille wieder aus. Ob ihr dabei mit dem Mund oder der Nase ein- bzw. ausatmet, ist zweitrangig. Wichtig ist hier, den Fokus darauf gerichtet zu lassen, dass ihr fürsorgliche Liebe einatmet.

Wiederholt diese Übung, so oft ihr könnt. Dies ist eine Übung, die ihr überall und jederzeit machen könnt; ihr könnt sie machen, wenn ihr an der Bushaltestelle warten müsst, oder morgens beim Aufwachen, wenn ihr den Eindruck habt, dass ihr lieber noch eine Runde im Bett verbringen möchtet, oder vor den Mahlzeiten.

Die einzige Herausforderung ist die, dass ihr euch vorstellt, dass ihr fürsorglich Liebe einatmet und sie in Stille ausatmet. Spürt dabei, was geschieht: ob ihr einen anderen Zustand des emotionalen Bewusstseins erfahrt oder gar körperliche, visuelle Erfahrungen sammelt. Was immer geschieht, und auch wenn nichts geschieht, folgt einfach eurem Fokus, indem ihr euch vorstellt, fürsorgliche Liebe ein- und wieder auszuatmen.

*

Wir wollen die Übungsschritte zur Entfaltung der Liebesfähigkeit noch einmal kurz zusammenfassen:

<table>
<tr><td>

2. Übung:

a) Setze dich still hin und beobachte, wie du ein- und ausatmest.

b) Lenke deine Aufmerksamkeit immer wieder zu dem Ein- und Ausatmen zurück.

c) Sei dir beim Atmen bewusst, dass dieselbe Luft, die du ein- und ausatmest, alles in dieser Welt mit ihrer Liebe ummantelt und durchdringt.

d) Atme diese fürsorgliche Liebe bewusst ein.

e) Atme die fürsorgliche Liebe in Stille wieder aus.

</td></tr>
</table>

Diese Übung wird euch helfen, zu verstehen, dass schon immer für euch gesorgt wurde, auch wenn dies manchmal im weltlichen Alltag nicht so bei euch ankam. Doch es ist so, und ihr könnt darauf vertrauen, dass auch in Zukunft für euch gesorgt sein wird. Alle Erfahrungen und alle Lernaufgaben werden euch zuteilwerden, während euch nichts passieren kann, denn ihr werdet fürsorglich geliebt von dem, was wir Schöpfungskraft/Gott nennen.

Die Frage nach der Verbindung mit dem persönlichen geistigen Helfer führt auch dazu, dass sich der Einzelne am Anfang eher auf solche Übungen konzentrieren möchte, bei denen er lernt, in eine direkte Verbindung zur geistigen Welt zu kommen. Hierfür ist gleich die folgende 3. Übung gedacht. Doch bitten wir alle, die ernsthaft den medialen Weg beschreiten wollen, vor allem die 1. Und 2. Übung in den ersten Jahren regelmäßig durchzuführen; diese stärken euer Köperbewusstsein und dadurch die Fähigkeit, Liebe für euch und alles, was ist, zu entwickeln. Doch nun für euch die klassische Übung, die viele Medien in der Welt immer wieder praktizieren, um den Kontakt zu ihren geistigen Helfern zu stärken:

Setzt euch ruhig hin und spürt euren Köper auf allen Ebenen (siehe 1. Übung). Fühlt hinein und nehmt wahr, wer ihr in diesem einen Moment seid; ihr werdet entdecken, dass dieser Zustand variiert und dass es nur wenige Konstanten in eurer Persönlichkeit gibt. Lasst euch bei diesem Schritt Zeit und genießt euer So-Sein im Moment.

Nun bitten wir euch vorzustellen, dass ihr um euren Körper herum noch einen weiteren, einen Energie-Körper besitzt. Manche nennen ihn das „Aura-Feld", doch da ist noch mehr zu entdecken: Stellt euch einfach vor, dass ihr von euren verschiedenen Körperbereichen aus nach allen Seiten Energie ausstrahlt, als ob ihr ein leuchtendes, positiv strahlendes Ei um euch herum bildet. Spürt dieses Ei, lasst es sich ausdehnen und zieht es wieder zusammen.

Führt diese Übung täglich mehrmals durch, gerne auch über den Tag verteilt, damit ihr lernt, euch in eurer Kraft sehr wohl zu fühlen. Dieses Energie-Ei ist euer Spiegel. Wenn wir von nun an von Bespiegelung sprechen, geht es darum, dass in diesen Spiegel, d. h. in euer Energiefeld, Informationen eingespeist, „hineingespiegelt" werden, die aus der jenseitigen Welt stammen. So kann es gut sein, dass ihr später, im Kontakt, etwas wie eine Person vor eurem geistigen Auge wahrnehmt. Es kann jedoch auch sein, dass in diesen Spiegel Emotionen oder auch Stimmen hineinprojiziert werden, die ihr dann auf den entsprechenden Kanälen wahrnehmt. Dieser eiförmige Spiegel dient als Empfangsstation für alles, was aus der geistigen Welt kommt.

Wie ein normaler Spiegel kann dieser Spiegel mehr oder weniger rein sein. Je mehr ihr euch auf eurer medialen Reise entwickelt, desto reiner ist dieser Spiegel. Am Anfang hingegen ist er eher wie eine Tümpel-Oberfläche, die vielleicht nur schemenhaft die Geschehnisse und Charakterzüge, die wir hineinprojizieren, wiedergibt. Daher noch einmal unsere Bitte: Übt das Wahrnehmen und das Erweitern eures Energie-Spiegels so oft ihr könnt.

Nun bitten wir euch, innezuhalten und für einen Moment die Gedanken in Richtung geistige Welt zu lenken. Jetzt stellt euch vor, dass ihr die Rolle des medialen Telefons übernehmt: „Wählt die Nummer", d. h. ihr bittet euren geistigen Helfer , zu euch zu treten. Er möge sich in eurem Spiegel zu erkennen geben und euch die Gelegenheit geben, ihn näher kennenzulernen. Wartet ab, was passiert, und richtet eure Wahrnehmung auf eure verschiedenen Körper-Ebenen (emotional, physisch, mental und Energiefeld).

Wenn ihr nichts wahrnehmt, ist das gut, denn dann wird auf der geistigen Seite bereits gearbeitet und ihr werdet in späteren Sitzungen einen Effekt erkennen. Wenn ihr also nichts wahrnehmt, sitzt in der Stille und nehmt euch selbst wahr.

Nehmt ihr etwas wahr, dann ist das ebenfalls gut (nicht unbedingt besser). In diesem Fall bitten wir euch, alles genau wahrzunehmen, was sich in eurem Körper verändert hat, was nun anders ist. Nehmt bitte umfassend euren eigenen Zustand wahr und lasst einfach geschehen, was immer geschieht. Wann immer ihr während dieser Übung den Drang verspürt, diese zu beenden, wartet noch ein wenig länger und beendet sie dann erst.

*

*

Ihr beendet die Übung, indem ihr euren geistigen Helfer bittet, zurückzutreten, und ihm dafür dankt, dass er euch unterstützt hat und euch die Möglichkeit gegeben wurde, ihn kennenzulernen. Stellt euch vor, dass dieser fürsorgliche geistige Helfer wie ein Gast bei euch war, und begleitet ihn nun genauso wertschätzend zu einem imaginären Ausgang, wie ihr es auch bei einem liebgewonnen Freund machen würdet. Denn das, was ihr wertschätzt, wird seinen Wert bewahren.

Wenn die Verbindung zu Ende ist, betrachtet euren inneren Zustand und nehmt noch einmal euren eigenen Köper wahr:

> Wie fühle ich mich jetzt an?

> Was empfinde ich auf der emotionalen Ebene?

> Wie habe ich diese Übung erlebt?

Nehmt dann einen tiefen Atemzug, konzentriert euch auf eure Füße und spürt den Kontakt zu Erde, bewegt eure Finger, Füße und reckt und streckt euch, bevor ihr die Augen aufmacht und euch in eurem Tempo wieder im Alltagsbewusstsein einfindet.

*

Wir wollen die Übungsschritte zur Kontaktaufnahme mit dem Geistführer noch einmal kurz zusammenfassen:

3. Übung:

a) Gelange in deine eigene Stille. (siehe: 1. Übung)

b) Nimm deinen Körper wahr auf allen Ebenen.

c) Stelle dir einen energetischen Strahlenkranz in Form eines eiförmigen Spiegels um dich herum vor.

d) Lade deinen dir zugeordneten geistigen Helfer ein und lerne ihn kennen, indem du wahrnimmst, was auf allen Körperebenen geschieht.

e) Beende den Kontakt, indem du dich bedankst und dich von „deinem geistigen Helfer" verabschiedest .

f) Wiederhole die Schritte d) und e) mehrmals und achte auf alles, was geschieht bzw. nicht geschieht.

g) Spüre noch einmal deinen Körper auf allen Ebenen.

h) Komme langsam, in deinem eigenen Tempo, zurück ins Alltagsbewusstsein.

*

I: Gordon Smith hat uns zu Anfang unserer Ausbildung dazu angeregt, alles, was wir mit der geistigen Welt erleben, aufzuschreiben. Insbesondere sollten wir auf Wiederholungen achten, z. B. wo sich die Wahrnehmung zuerst verändert, welche Muster wiederkehren (Wärme, Kälte, Windhauch, Berührung etc.). Er empfahl, mindestens 6 Wochen lang Buch zu führen.

Meine Erfahrung zeigte jedoch, dass es durchaus Sinn macht, die Wahrnehmungen über Jahre aufzuschreiben, da sich die einzelnen Puzzle-Teile oft erst nach längerer Zeit zu einem sinnvollen Ganzen fügen. Mit der Zeit lernt man dann die Herangehensweise kennen, die der eigene geistige Helfer präferiert, d. h. konsistent zeigt, um mit einem in Verbindung zu gehen. Gordon Smith nennt das die „Calling-Card", die Visitenkarte des geistigen Helfers. Die Visitenkarte des geistigen Helfers gut zu kennen, hilft uns Medien, auch dann sicher zu sein, dass wir mit der geistigen Welt verbunden sind, wenn wir uns selbst einmal nicht wohl in unserer Haut fühlen und an unseren Fähigkeiten zweifeln.

Meine geistige Helferin, die im heilenden Trance-Zustand eng mit mir zusammenarbeitet, zeigte sich mir am Anfang wie folgt: Sie gab mir das Gefühl, als steckten meine beiden Hände und Unterarme in einem Muff. Diese Stellen fühlten sich außen wohlig warm an, obwohl ich meist kalte Hände habe. Auch bekam ich im längeren Verlauf der Übungs-Zeit den Eindruck, als wären meine Hände und Arme nicht meine eigenen, sondern die einer anderen Person.

Zwei Jahre später bekam ich von meinem Lehrer Matthew Smith – der nichts von meinen Empfindungen wusste – den bestätigenden Hinweis, dass eine Nonne als geistige Helferin mit mir eng zusammenarbeite. Die Visitenkarte „Muff-Gefühl" ergab nun noch mehr Sinn, gab es doch in früheren Jahrhunderten entsprechende Nonnenbekleidungen, die es Nonnen im Winter ermöglichten, die Hände beim Beten vor Kälte zu schützen.

4. Übung: Eigene Heilung

I: Während manche von Euch einen geistigen Helfer haben, der sowohl als medialer Wegbegleiter als auch in der Rolle als Heiler an Eurer Seite steht, gibt es andere, die unterschiedliche Persönlichkeits-Typen wahrnehmen wenn sie Heilung empfangen oder anderen Heil-Energien übertragen. Die folgende Übung hilft euch, diesen Unterschied, wenn er vorhanden ist, bewusst wahrzunehmen.

Die nächste Übung erweist sich als „tricky" (*knifflig*), wenn man sie im Ablauf nicht ganz genau ausführt. Deshalb bitten wir hier, diese Aufgabe so durchzuführen, wie sie anmoderiert wird:

Setzt euch ruhig hin und entspannt euch. Lasst den Atem fließen. Beobachtet, wie der Atem ein- und ausfließt, und entspannt euren Köper von Kopf bis Fuß. Lasst euch Zeit mit der Entspannung, denn hier wird oft zu sehr gehastet.

Nun bittet darum, dass die geistige Welt euch mit der verstorbenen Seele, eurem Heiler, in Kontakt bringt, die euch schon lange nährend, heilend und harmonisierend auf eurem Weg begleitet. Fragt nicht, wie dieser Kontakt geschehen soll, sondern lasst es einfach zu, dass, nachdem ihr diesen Wunsch innerlich formuliert habt, erst einmal scheinbar nichts passiert. Richtet eure Aufmerksamkeit daher erst einmal wieder auf eurem Atem und wartet einfach ab.

Ihr braucht den Wunsch nicht zu wiederholen, wartet einfach ab. Es kommt der Moment (ggf. auch erst nach mehrmaligem Üben), in dem ihr eine Veränderung wahrnehmt in eurem Köper (Wärme, Kälte) oder auch in eurer Emotionalität (oft innere Berührtheit, Nervosität, teilweise auch Ängstlichkeit), oder, wer hier Erfahrung hat, auch in eurem äußeren Energiefeld. Was immer geschieht, fangt nicht an, es zu beurteilen. Alles hat seine Richtigkeit, und auch, wenn der Puls bis zum Hals schlagen sollte, ihr Schweißausbrüche bekommt, lasst es einfach zu. Die geistige Welt arbeitet ja zum ersten Mal intensiver mit eurem Körper, und so kann es zu Reaktionen in eurer Persönlichkeit kommen, die am Anfang noch zu stark oder ggf. auch zu schwach sind. Seid wie ein Forscher und beobachtet nur. Allein das ist schon schwer und dürfte eine Herausforderung für euch darstellen.

Für manche von euch ist es gut, hier nach einiger Zeit erst einmal Schluss zu machen; ihr merkt es daran, dass ihr euch einfach nicht mehr wohlfühlt. Bittet dann euren geistigen, heilenden Helfer, zurückzutreten, bzw. ladet ihn oder sie einfach aus (hier dürft ihr das tun ☺) und bedankt euch für das gemeinsame Üben und die ersten Schritte, die ihr miteinander unternommen habt.

Alle, die trotz vielfältiger, ungewöhnlicher, d. h. nicht kontrollierbarer Reaktionen in ihren physischen, emotionalen, mentalen und energetischen Körpern nicht ein zu großes Unwohlsein verspüren, können nun den nächsten Schritt unternehmen:

Bittet euren heilenden, geistigen Helfer – der euch sehr gut kennt, schon mehrmals als Schutzengel begleitet hat und fürsorglich für euch da gewesen ist –, euch eine Heilung zu schenken. Seid am Anfang bitte noch nicht spezifisch, sondern bittet ganz allgemein um Heilung und wartet dann wieder ab, was passiert. Geschieht in eurer Wahrnehmung nichts, dann ist dies gut. Genauso gut ist es, wenn ihr auf einer eurer Körperebenen etwas wahrnehmt. Seid jedoch gewiss, dass immer Heilung gesendet wird; dies geschieht unabhängig davon, ob eure Empfangsantennen dies wahrnehmen oder nicht.

Die Liebe, die euch mit der Heilung geschenkt wird, stärkt euch in eurem heutigen Zustand. Sie harmonisiert und wird euch Frieden geben, wo immer ihr sie nötig habt. Vertraut darauf, dass sich in den Tagen nach der Heilung etwas verändern wird, und seid offen, diese Veränderung zu entdecken. Auch hier ist es die Liebe, die alles durchfließt, in diesem Fall die Liebe eures geistigen Heilers, der schon immer für euch aktiv war und genau weiß, was gut für euch ist. Jetzt habt ihr die Gelegenheit, diese heilende Liebe genauer und bewusster wahrzunehmen und später nicht nur für euch, sondern auch für andere zu nutzen.

Genießt diesen Zustand, solange ihr wollt, und wenn ihr merkt, dass es Zeit ist, diese heilende Begegnung zu beenden, tut dies, indem ihr euch bei eurem Heiler bedankt und ihn bittet, die Verbindung wieder aufzuheben. Wartet dann und beobachtet, ob und ggf. was sich verändert in eurer Wahrnehmung auf physischer, emotionaler, mentaler und/oder energetischer Ebene. Konzentriert euch dann wieder auf euren Atem, bevor ihr ganz langsam aus eurer Entspannung erwacht. Die Liebe leitet und stärkt euch; genießt beim Augenöffnen und Sich-Strecken die veränderte Wahrnehmung.

Diese Übung gilt es, am Anfang fast täglich zu machen. Viele von uns, die auf der Erde wandeln, haben den Eindruck, dass sie alles unter Kontrolle haben, dass sie heil sind und dass es ihnen an nichts fehlt. Erst innere Tumulte, äußere Dramen und körperliche Krankheiten führen dazu, dass sie aus dieser ignoranten Sichtweise aufgerüttelt werden. Heilung für sich selbst einzufordern und sich regelmäßig Heilung zu gönnen, ist eine weitere Grundvoraussetzung dafür, als Medium die eigene Berufung langfristig gesund, frohen Herzens und mit klarem, kritischen Verstand ausüben zu können.

Die Liebe zu sich selbst darf wachsen, denn je größer das innere Feuer, desto größer die Möglichkeiten, unzählige Feuer im Außen zu entfachen. Wie das Licht einer Flamme nicht geschmälert wird, obwohl sie Licht spendet, wird sich beim Teilen eurer Gabe eure Lichtqualität nicht verringern, insbesondere wenn ihr beginnt, euch mit Liebe zu nähren, um sie später mit anderen zu teilen.

*

Wir wollen die Übungsschritte zur eigenen Heilung noch einmal kurz zusammenfassen:

4. Übung:

a) Gelange in deine eigene Stille. (siehe: 1. Übung)

b) Nimm deinen Körper wahr auf allen Ebenen.

c) Stelle dir, von dir ausgehend, einen energetischen Strahlenkranz in der Form eines eiförmigen Spiegels vor.

d) Lade deinen geistigen Heiler ein und lerne ihn kennen, indem du deine vorherige, gewöhnliche Wahrnehmung mit dem vergleichst, was du jetzt wahrnimmst.

e) Zu Beginn: Beende den Kontakt, indem du dich bedankst und den Heiler wertschätzend verabschiedest.

f) Für Fortgeschrittene: Bitte deinen Heiler, dir die aus seiner Sicht notwendige Heilung zu schenken.

g) Nimm wahr, ob und ggf. was passiert.

h) Beende die Heilsitzung, indem du entweder den Heiler bittest, zurück zu treten, oder merkst, dass die Heilung zu Ende ist.

i) Spüre noch einmal nach, ob und ggf. was sich verändert hat auf allen Körperebenen.

j) Komme langsam, in deinem eigenen Tempo, zurück ins Alltagsbewusstsein.

5. Übung: Lass Deinen Kopf erhellen

I: Diese Übung habe ich erst im leichten Trance-Zustand erhalten und ich verfasste den Text mit geschlossenen Augen schreibend auf meinem Laptop. Doch als ich meine Augen nach 20 Minuten fleißigen Tippens öffnete, war das Word-Dokument noch immer leer. Da ich die Übung gleich mehrmals für mich ausprobierte und als sehr wirksam gegen meine schlechte Stimmung empfand, möchte ich sie hier mit euch auf Basis meiner Erinnerungen teilen:

Setzt euch hin, schließt die Augen und entspannt euch. Atmet tief ein und aus. Fühlt eure Füße auf der Erde und verbindet euch mit dem Untergrund.

Richtet nun eure Aufmerksamkeit nach oben und stellt euch vor, dass ein Lichtstrahl, wie ein Laserstrahl, von oben auf euer drittes Auge (imaginärer Punkt etwas oberhalb zwischen den Augenbrauen) strahlt. Lasst es für eine Weile bestrahlen, als finget ihr an einem warmen Sommertag einen Sonnenstrahl ein.

Stellt euch weiter vor, wie sich dieser Lichtstrahl auf eurer Kopfhaut ausbreitet und sowohl euer Gesicht als auch eure Schädeldecke und euren Hinterkopf in seiner äußersten Hautschicht zum Strahlen bringt. Nehmt wahr, was passiert, und lasst es einfach geschehen.

Dann stellt euch vor, wie eurer gesamtes Hirn von Licht erfüllt, erstrahlt.

Im nächsten Schritt stellt euch vor, wie alle Schaltzentren des Gehirns von innen heraus zu leuchten anfangen. Und wenn ihr mögt, könnt ihr auch noch alle im Kopf befindlichen Drüsen leuchten lassen.

Nehmt dann einfach passiv euren leuchtenden Kopf wahr und wartet ab, was passiert; ihr braucht nichts weiter zu tun.

Wenn ihr die Übung abschließen wollt, atmet tief ein und aus und konzentriert euch auf eure Füße. Bewegt und streckt euch und kommt zurück in euer Alltagsbewusstsein.

*

Wir wollen die Übungsschritte zur Erhellung des Kopfes noch einmal kurz zusammenfassen:

5. Übung:

a) Gelange in deine eigene Stille. (siehe: 1. Übung)

b) Nimm deine Füße auf der Erde ruhend wahr.

c) Stelle dir einen Lichtstrahl vor, der wie ein Laserstrahl auf dein 3. Auge strahlt.

d) Warte ein Moment bevor Du weitermachst.

e) Stelle dir vor, wie dieser Lichtstrahl sich auf deiner Kopfhaut ausbreitet...

...dann jeder der einzelnen Windungen deiner Gehirngänge in vollem Licht erstrahlen lässt,

f) Nun fangen alle anderen Schaltzentren und Drüsen von innen heraus an zu leuchten.

g) Nimm passiv deinen leuchtenden Kopf wahr und warte ab, was passiert. Du brauchst nichts weiter zu tun.

h) Schließe die Übung ab, indem du tief ein- und ausatmest und dich auf deine Füße konzentrierst.

*

Diese Übung eignet sich immer dann, wenn ihr euch in einem Stimmungstief befindet oder von düsteren Gedanken geplagt seid. Für ein Medium gilt, sich jederzeit zügig in eine höhere Schwingungsfrequenz, d.h. bessere Gemütslage zu bringen. Einerseits erhöht das eure Schwingungssequenz, andererseits ermöglicht es der geistigen Welt, leichter bei dem Medium anzudocken und ihre Botschaften klarer zu vermitteln.

6. Übung: Die Größe der eigenen Seele erfahren

Alles, was das Medium lernen soll, lernt es durch die Botschaften und durch das Fühlen dessen, was übermittelt wird. Nichts oder nur weniges wird mit Hilfe des Verstandes gelernt. Der Verstand ist ein ordnendes, strukturierendes und oft kontrollierendes Organ, wenig geeignet, wirklich die Größe dessen zu erfassen, was in der medialen Arbeit geschieht. Im Folgenden arbeiten wir daher mit einer Übung, die diese transzendente Größe erfahrbar machen kann:

Setzt euch hin und atmet still ein und aus. Fühlt euch in eurem ganzen Körper. „Erwacht", indem ihr nacheinander jeden eurer Körperteile einzeln wahrnehmt; die Reihenfolge ist dabei zweitrangig, die Gründlichkeit erstrangig. Freut euch daran, dass alles so prima *(in eurem Köper)* funktioniert und bedankt euch dafür, auch dann, wenn das eine oder andere nicht in eurem Sinne funktioniert. Denn auch hier sind Kräfte im Gange, die zumindest dafür sorgen, dass ihr weiter in eurer körperlichen Form leben könnt.

Tut dies mindestens fünf Minuten lang, d.h. länger, als ihr es euch sonst vornehmt bei den Übungen.

Euren Körper bewusst wahrzunehmen, hilft euch, die Schale eures spirituellen Seins wahrzunehmen. Nur wer die Grenzen kennt, kann diese aufweichen und ggf. sogar auflösen.

Nehmt nun einen tiefen Atemzug und verbindet euch, während ihr ausatmet, mit dem, was wir euer „höheres Selbst" nennen – eure eigene große Seele, die sich mit eurem Köper verbunden hat, um auf der Erde Erfahrungen zu sammeln und auf eine Art und Weise wirken zu können, wie es im reinen Seelenzustand nicht möglich ist.

Spürt und lasst eure große Seele wirken. Versucht dabei nicht, eure Aufmerksamkeit mit dem Verstand zu lenken. Wenn dies geschieht, atmet einfach wieder ein paar Mal ein und aus und ladet dann mit einem tiefen Atemzug eure große Seele weiterhin ein, sich in euch, d.h. in diesem, eurem Körper erfahrbar zu machen. Wartet ab und nehmt wahr, was geschieht.

Genießt euren Zustand und diese neue Art der Empfindungen; lasst euch hierbei Zeit. Sollten wieder Gedanken auftauchen und euch gegebenenfalls stören, scheucht sie nicht weg, sondern kehrt einfach zu dem Beobachten eures Atems zurück. Lasst alles geschehen, was geschehen will. Wenn Emotionen auftauchen, lasst sie auftauchen, wenn körperliche Schmerzen plötzlich noch mehr zu spüren sind, nehmt auch dies wahr. Wenn ihr schöne, besondere Erlebnisse habt, lasst auch diese einfach wirken und vorbeiziehen; erfahrt euch in eurem größeren Seele-Sein, in eurem göttlichen Sein, denn darum geht es für den Moment. Die Liebe wird sich auf unterschiedliche Art und Weise bei euch bemerkbar machen. So erforscht das, was universelle Liebe ist; sie befindet sich im Kern eurer Seele, die durch euch fortwährend wirkt. Seid einfach ihr selbst, in eurem So-Sein, hier auf der Erde.

Nach einer Weile werdet ihr erkennen, dass euer Fokus nachlässt. Dann kehrt mit eurer Aufmerksamkeit wieder zurück zum Atem und zu eurem Körper. Beobachtet nun, was sich in eurem Köper verändert hat, und lasst alles geschehen, lasst auch alle Empfindungen, die noch einmal zum Vorschein kommen, geschehen. Eilt nicht aus der Übung, sondern wartet, bis diese sich von selbst beendet.

Das eigene göttliche Sein zu erleben, ist wichtiger, als sich und seine Medialität mittels eurer geistigen Helfer zu entfalten. Wem es gelingt, die eigene große Kraft und die Liebe der eigenen Seele zu erfahren, der besitzt die Standfestigkeit, sich die Übungsschritte, die notwendig sind, um mit der geistigen Welt auf Augenhöhe zu kommunizieren, selbst anzueignen.

Denn darum geht es hier vor allem: Wir wollen nicht als höhere Mächte wahrgenommen oder gar angebetet werden. Ja, auch wir wünschen uns einen achtsamen und respektvollen Umgang, doch wir befinden uns nicht auf einer höheren Ebene als ihr. Wir sind nicht besser, aber auch nicht schlechter. Es ist für euch auf der Erde häufig sehr schwierig, euch einzugestehen, dass ihr alle in gewissem Sinn gleich seid. Keiner ist besser, richtiger oder schöner. Teilaspekte von euch können dies im Vergleich zwar sein, doch das, was wir das menschliche oder auch das seelische Wesen nennen, ist nicht mehr oder weniger wert als ein anderes.

Euer Verstand wird diesen medialen Weg mit all seinen Einsichten nicht begreifen und manchmal auch bewusst nicht verstehen können. Sind doch die gewohnten Denkmuster so, dass sie mit der neuen medial-geprägten inneren Haltung und Einstellung ad absurdum geführt werden. Doch erst die Gleichberechtigung unter Partnern ermöglicht vollstes Vertrauen. Und diese Gleichberechtigung ist gerade in der medialen Kommunikation mit Verstorbenen oder anderen geistigen Wesen sehr wichtig. Die Liebe fließt nur dort in reiner Form, wo es kein Höher und kein Niedriger gibt, kein Besser und kein Schlechter. Und die eigene Heilung kann nur dann vollkommen gelingen, wenn der Heilende und der Heilungsempfangende nicht in Bewertungskategorien denkt und agiert.

Nur die Erfahrung deiner dir eigenen großen Kraft und Liebe und der eigenen unermesslichen Größe kann das gedankliche Konzept grundlegend aufbrechen. Macht darum diese Übung, so oft ihr könnt, und ihr werdet zu einem reinen Kanal, durch den die Liebe und die medialen Botschaften besonders leicht fließen können.

*

Wir wollen die Übungsschritte zur Erfahrung der Größe der Seele noch einmal kurz zusammenfassen:

6. Übung:

a) Setze dich hin und atme still ein und aus. Fühle dich in deinem ganzen Körper. „Erwache", indem du jeden deiner Körperteile einzeln wahrnimmst.

b) Erfreue dich daran, dass alles in deinem Körper so gut funktioniert, und bedanke dich hierfür.

c) Tue dies mindestens fünf Minuten lang.

d) Nimm nun einen tiefen Atemzug und verbinde dich, während du ausatmest, mit dem was wir „höheres Selbst" oder „deine große Seele" nennen.

e) Warte einen Moment, bevor du weitermachst; spüre deine große Seele und lasse sie wirken.

f) Lass deine Aufmerksamkeit nicht von deinem Verstand lenken. Wenn dies geschieht, atme wieder ein paar Mal bewusst ein und aus. Lade dann mit einem tiefen Atemzug deine große Seele weiter ein, sich in dir, deinem Körper, erfahrbar zu machen.

g) Genieße diesen Zustand deine neuen Empfindungen; lasse dir hierbei Zeit.

h) Erforsche das, was universelle Liebe ist.

i) Wenn die Konzentration dieser Seelen-Erfahrung nach einer Weile nachlässt; kehre mit deiner Aufmerksamkeit wieder zurück zu deinem Atem und deinem Körper.

j) Beobachte nun, was sich in deinem Köper verändert hat . Lass alles geschehen was an Empfindungen in dir noch einmal zum Vorschein kommt.

k) Eile nicht vorschnell aus der Übung, sondern warte, bis die Empfindungen sich von selbst auflösen.

7. Übung: Die medialen Fähigkeiten weiter ausbauen

Jetzt werden wir uns auf die Fähigkeit konzentrieren, unterschiedliche Informationen zu empfangen. Es wird die Bandbreite der Informationen erweitert, die übermittelt werden können.

Nachdem ihr nun über längere Zeit die vorherigen Übungen durchgeführt habt, wird sich euer Körper inzwischen wie von selbst bei den Übungen entspannen. Ihr braucht hierzu gar nicht mehr viel zu tun; ihr seid es bereits gewohnt, euch zu entspannen. Nur an Tagen, an denen euer Kopf wegen äußerer Ereignisse überaktiv ist, beginnt zuerst mit der 1. Übung, bevor ihr mit dieser Übung startet:

Setzt euch am Anfang ruhig und entspannt hin und spürt euren Körper. Aus der tiefen Entspannung heraus bittet nun euren geistigen Helfer heran – die Wesenheit, die in der letzten Zeit eng mit euch gearbeitet hat. Fühlt ihre Präsenz, fühlt ihre Daseinsform in euch und lasst euch von euren Wahrnehmungen komplett umhüllen.

Nun seid ihr soweit, um mit eurem geistigen Helfer in die nähere Kommunikation zu gehen. Bittet ihn darum, dass er euch in eine längst vergangene Szene eures Lebens führen möge. Nachdem ihr diese Intention gesetzt habt, lasst los und wartet ab, was geschieht. Was auch immer auftaucht, bewertet das Ereignis nicht. Sagt nicht: Nein, das passt mir jetzt nicht, ich will etwas anderes, etwas

Besseres. Oder: Nein, nicht schon wieder dieses Ereignis, ich habe genug davon. Vertraut darauf, dass euer geistiger Helfer das auswählt, was im Moment am relevantesten für eure weitere geistige Entwicklung ist.

Dann lasst euch in das Ereignis führen. Es kann sein, dass Bilder bzw. Szenen auftauchen; ihr hört vielleicht innerlich euch selbst oder andere sprechen; ihr habt evtl. die Möglichkeit, eure Gedanken aus der damaligen Zeit noch einmal zu erleben. Oder ihr spürt, wie sich euer Körper zum damaligen Moment angefühlt hat. Was auch immer es ist, lasst es geschehen. Sollten Emotionen hochkommen, so lasst sie auftauchen, und wenn ihr für euch merkt, dass diese Emotionen nicht das sind, was ihr in diesem aktuellen Moment erleben wollt, so bittet euren geistigen Helfer diese von euch zu nehmen. Er wird sie dankbar zu sich nehmen und euch Erleichterung verschaffen. Wenn es euch hilft, könnt ihr euch vorstellen, dass diese Emotionen, diese Bilder, diese Wahrnehmungen, von eurem geistigen Helfer übernommen werden und im Licht aufgelöst werden.

Wichtig ist hier nur, dass ihr lernt, zuzulassen, dass es Ereignisse in euerm Leben gibt, die noch einmal angeschaut werden dürfen, aus welchem Grund auch immer. Und dass, wenn ihr es wünscht, an eurer Seite Helfer stehen, die euch alles abnehmen, was euch zu viel, zu negativ, zu schwer erscheint. Denn als Gotteskinder, die wir alle sind, könnt ihr Schweres tragen, doch ihr müsst es nicht. Daher ist es wichtig, dass ihr lernt, diese Erleichterung selbst zu erfahren.

Nun ist es nicht so, dass ihr bei dieser Übung erwarten müsst, dass nur negative oder emotional schwer besetzte Situationen auftauchen. Auch fröhliche, heitere und glückliche Momente können aufsteigen. Schaut auch hier genau hin und nehmt wahr, wie ihr auf allen euren Seins-Ebenen darauf reagiert. Häufig ist es so, dass es für Menschen einfacher ist, schwer besetzte, dunkle Situationen anzunehmen; die glücklichen und heiteren sind oft nicht so einfach zu ertragen, wenn ihr euch selbst noch nicht als lichtvolle Wesen begreift und euch stattdessen mit der Schwere identifiziert. D. h. nicht, dass wir euch in überhebliche Wesen verwandeln wollen, sondern nur, dass wir euch zeigen wollen, wie großartig ihr bereits in diesem Leben, in eurem So-Sein seid, und wie viel Liebe, Freude und Glücksgefühle ihr erleben könnt, wenn ihr es euch erlaubt, noch einmal in positiven Erinnerungen zu schwelgen.

Eure Liebe zu euch selbst entscheidet über euer eigenes spirituelles Wachstum.

Eure Angst vor dem, der ihr gewesen seid, hemmt euch jedoch, auf diesem spirituellen Weg euer ganzes Potenzial in Freude und Leichtigkeit zu leben. Darum geht es jedoch bei dieser Übung; dies ist das, was wir mit euch erreichen wollen, denn die Liebe lässt euch wachsen. Die Angst, gleich wie Wolken, macht die Liebe unsichtbar für euch, doch die Angst kann die Liebe nicht verdrängen.

*

I: Als Medium sind wir nicht nur mit unserer eigenen Emotionalität konfrontiert, sondern sehr häufig auch mit den Emotionen der Empfänger. Wenn ich merke, dass mir diese Emotionalität zu viel wird, bitte ich meine geistigen Helfer als Partner um Hilfe, die dann gerne aktiv werden, sodass die Situation sich zu klären beginnt.

Vor längerer Zeit hatte ich mit einer guten Freundin hierzu eine Diskussion. Sie war der Auffassung, dass wir die geistigen Helfer nur im Notfall rufen und vorher erst alle unsere Fähigkeiten einsetzen sollten, um eine Situation zu lösen. Sie glaubte, dass wir, wenn wir andere um Hilfe bäten, in der Verantwortung stünden, unsere eigene Pflicht abzugeben. Diese Auffassung teile ich nur bedingt. Natürlich kann jeder erst versuchen, mit den eigenen Kompetenzen die Situation alleine zu lösen. Doch weisen meine spirituellen Helfer und auch meine Lehrer darauf hin, dass geistige Helfer uns sehr gerne unterstützen. Auch sie können mit uns in ihrem spirituellen Sein wachsen, wenn wir ihnen die Chance geben, uns zu unterstützen.

Ferner sollten uns falscher Stolz oder Angst nicht davon abhalten, Hilfe dann anzufragen, wenn sie gebraucht wird. Gerade wenn ich mediale Botschaften vermittle, geht es ja nicht in erster Linie darum, dass ich den emotionalen Erstzustand meiner Empfänger ertragen und sofort verwandeln muss, sondern der Fokus sollte hier darauf liegen, ein möglichst klarer Kanal zu sein oder als ein gut funktionierendes mediales „Telefon" zu agieren. Aus meiner Sicht entsteht kein Ungleichgewicht im Sinne unserer Partnerschaft, wenn ich auch im Alltag die Hilfe meiner geistigen Helfer anfrage. Im Gegenteil, jeder Beteiligte stellt sich letztendlich für den Dienst an der Vermittlung der göttlichen Liebe und der Ewigkeit des Lebens zur Verfügung.

*

Wir wollen die Übungsschritte zum Ausbauen medialer Fähigkeiten noch einmal kurz zusammenfassen:

7. Übung:

a) Setze dich hin und entspanne dich.

b) Lade deinen geistigen Helfer (m/w) ein.

c) Sende deine Intention: Zeige mir eine Situation aus meinem vergangenen Leben.

d) Tauche in diese Situation ein und nimm diese auf allen Körper-Ebenen wahr.

e) Wenn ein Erlebnis emotional zu schwer ist, um es zu ertragen, dann leite es direkt an deinen geistigen Helfer weiter.

f) Praktiziere diese Übung regelmäßig, denn wachsende Selbstliebe (im persönlichen Leben) führt zu mehr medialer Klarheit

8. Übung: Verschiedene geistige Helfer erkennen

Wir beginnen jetzt mit einer Übung, die dazu führt, dass ihr noch etwas mehr über eure geistigen Helfer erfahrt. Wir sprechen hier im Plural, auch wenn die meisten von euch mit nur einem geistigen Freund oder nur einer geistigen Freundin zusammenarbeiten. Dieses geistige Wesen war vielleicht nicht nur einmal auf der Erde zu Hause, und daher kann es durchaus vorkommen, dass sich euer geistiger Helfer in mehreren unterschiedlichen Qualitäten zeigt. Nachdem ihr selbst eure eigenen lichtvollen Energien (5. Übung) aufgebaut habt, ist es hilfreich, euch darauf zu konzentrieren, wie sich der geistige Helfer anfühlt, der aktuell mit euch zusammenarbeitet.

Hierfür bitten wir euch, sich in Ruhe hinzusetzen und zu entspannen.

In einem nächsten Schritt dehnt euren Strahlenkranz aus zu einem Ganzkörper „Energie-Bildschirm“; macht ihn so groß und weit, wie es euch jetzt gerade möglich ist. Dessen bedarf es nur eurer Intention, weniger eines tatsächlichen aktiven Wollens. Jeder Ehrgeiz ist fehl am Platz; die spielerische Leichtigkeit ist die Qualität, mit der wir besonders gut arbeiten können.

Nun bittet euren geistigen Helfer herbei – die geistige Wesenheit, die schon seit Langem mit euch intensiv zusammenarbeitet und euch zu diesem Moment eures geistigen und spirituellen Seins geführt hat. Nehmt dessen Präsenz in Ruhe und in Geduld wahr. Bittet nun diesen Helfer, euch etwas zu zeigen, was ihr bislang von noch nicht kennengelernt habt. Das kann eine Beschreibung der früheren äußerlichen Erscheinung sein, es können neue Charaktereigenschaften sein oder auch Erlebnisse aus seinem irdischen Leben. Darüber hinaus kann es auch sein, dass er euch auf einer Landkarte zeigt, wo er gelebt hat, bzw. es werden Straßennamen, Familiennamen oder Ähnliches vermittelt. Was immer es ist, bleibt offen dafür. Notiert euch nach der Übung, was ihr über euren treuen, geistigen Helfer gelernt habt.

Bittet jetzt euren geistigen Helfer zur Seite zu treten. Bittet ferner, dass sich nun eine andere geistige Wesenheit, die bislang nicht mit euch zusammengearbeitet hat, vorstellen möge. Auch hier gilt es, einfach wahrzunehmen, was nun passiert. Wie verändert sich eure Köperwahrnehmung, eure Emotionalität, welche Gedanken bzw. Bilder steigen auf, welche Namen tauchen auf und in welchem Bezug stehen diese zu dem, was ihr über diese neue Wesenheit lernt. Gibt es einen Bezug zwischen euch und dieser neuen Wesenheit?

> Ist es ggf. ein entfernter Verwandter?

> Ist es eine geistige Wesenheit, die stets bei besonderen Aufgaben erscheint (Organisation, Heilung, Kommunikation, Entspannung etc.)?

> Welche Aufgabe hat diese Wesenheit in eurem Leben?

> Welche Gaben will sie euch vermitteln?

Was immer ihr nun erlebt und was immer ihr Neues erfahrt, nehmt es einfach wahr und nehmt es auf. Dann bittet ihr auch diese Wesenheit, zur Seite zu treten, und verweilt einen Moment lang in eurer eigenen Präsenz, bevor ihr wieder euren treuen geistigen Helfer heran bittet und nun auch ihn in aller Deutlichkeit noch einmal wahrnehmt. Spürt genau dem nach, inwiefern sich euer geistiger Helfer von der vorhergehenden Wesenheit unterscheidet. Was zeichnet euren geistigen Helfer besonders aus?

Dieser Kontrast bzw. dieser Vergleich hilft euch hier, neue Erkennungsaspekte zu identifizieren. Es geht weniger darum, den zweiten geistigen Helfer umfassend kennenzulernen, als darum, euren eigenen geistigen Helfer, der eng mit euch zusammenarbeitet, intensiver zu erleben und erfahren. Dies gibt euch Sicherheit in Zeiten, wo ihr selber in Unsicherheit verweilt. Es hilft euch jedoch auch durch Üben damit vertraut zu werden, wie es sich anfühlt, wenn beide geistigen Helfer präsent sind. Dies kann später durchaus der Fall sein, wenn ihr als Medium arbeitet und mehrere geistige Wesen gleichzeitig mit euch kommunizieren wollen.

Wenn ihr mögt, könnt ihr noch einmal zu dem zweiten geistigen Helfer hinüberwechseln und die Übung, wie oben beschrieben, wiederholen. Wer mag, kann aber auch wieder in sein normales Alltagsbewusstsein zurückkehren. Denkt aber daran, dass ihr euch immer bei dem jeweiligen Wesen bedankt und es respektvoll verabschiedet, bevor ihr den Kontakt auflöst.

*

I: Im Rahmen unserer mehrjährigen Ausbildung sind wir unterschiedlichen Ansichten über Art und Anzahl der geistigen Helfer begegnet, mit denen ein Medium zusammenarbeitet. Gordon Smith legt sehr viel Wert darauf, dass man seinen „Haupt-Geistführer" –wie er seinen geistigen Helfer nennt- gründlich kennenlernt, bevor man intensiver als Medium arbeitet. Auch geht er davon aus, dass hauptsächlich nur ein Geisthelfer eng von Anfang bis Ende des medialen Weges mit dem Medium zusammenarbeitet. Andere stellen dagegen die These auf, dass es auch Menschen gibt, denen kein geistiger Helfer beständig zur Seite steht. Dies sei insbesondere dann der Fall, wenn der Mensch weit davon entfernt ist, auf den Einfluss seiner geistigen Helfer zu reagieren. Die zentrale Frage lautet hier: Warum sollten sich die geistigen Helfer auf mediale Weise um jemanden bemühen, wenn dieser für ihre Bemühungen gar nicht empfänglich ist bzw. sie nicht wahrnimmt? Wieder andere Lehrer gehen davon aus, dass man während seiner medialen Reise ein ganzes Team zur Seite gestellt bekommen kann. Dieses unterstützt einen je nach Aufgabe und Disziplin; es gibt Helfer, die immer zum Kern-Team gehören; andere arbeiten nur für bestimmte Zeiten mit und verlassen dann dieses Kern-Team.

Von Anfang an arbeitete Martin verlässlich mit einem geistigen Helfer zusammen, und er lernte ihn im Laufe der Jahre immer gründlicher und umfassender kennen.

*

M: Meinen ersten bewussten Kontakt zu meinem geistigen Helfer erlebte ich (rückblickend und erkennend) während eines Wochenseminars „Entfaltung der Liebe:

Der Quadrinity-Prozess" nach Bob Hoffmann. Der Prozess wird von einigen verteufelt, von anderen in den Himmel gehoben; ich zumindest hatte mehrere schöne Erfahrungen, u. a. während einer „Schokoladen-Meditation": Ich spürte eine hell strahlende Lichtgestalt hinter mir, weit größer als ich selbst, mit einem riesigen Flügelpaar. So dachte ich zunächst an Erzengel Michael, doch dann „sah" ich ein weiteres Flügelpaar und wusste, dass es ein Cherub war. Die Intensität dieser Erscheinung war großartig, unterstützend und gab mir Vertrauen und Mut. Doch später verblasste die Erinnerung an dieses schöne Ereignis, ich konnte die Verbindung zu der Lichtgestalt nur selten wiederholen und daher nicht festigen.

Dann, Jahre später, wurde ich im Arthur Findlay Colleague während eines Wochenseminars von Sandie Baker über den Trance-Zustand zu meinem geistigen Helfer geleitet. Ich erkannte die starke Lichtenergie, die meinen Rücken stärkte, wieder und erinnerte meinen Erstkontakt, der nun bereits lange Zeit zurück lag. Doch diesmal erschien mein geistiger Helfer als ein Major, ein Kriegsheld. Ich konnte ihn klar wahrnehmen und vor meinem geistigen Auge sehen, und dabei war es mir unangenehm, mit dem Militär verbunden zu sein. Er jedoch wollte sich mir zeigen, und in einer der nächsten Sitzungen lieferte er einen weiteren „Beweis" ab. Beim „automatischen Schreiben" mit einer Planchet (= mediales Schreibgerät) führte er meine Hand und ich schrieb folgende Notiz nieder: „I am here, Major!" – aber seitenverkehrt und auf dem Kopf stehend! Ich konnte das Gekritzel erst lesen, als ich den Zettel vor einen Spiegel hielt; da durchzuckte es mich gründlich. Okay, ich hatte verstanden: „Er" war da und ich konnte ihn annehmen.

Dann, wieder Jahre später, brachte mich Matthew Smith in mehreren Sitzungen erneut mit meinem geistigen Helfer zusammen. Genauestens konnte ich die Region beschreiben, in der er lebte, den Wohnort, die Spanne seiner Lebenszeit und sein Aussehen. Besonders beeindruckten mich die Fenster und Türen seines Hauses. Matthew konnte jedes Detail bestätigen.

Viele glauben, dass sie mit mehreren geistigen Helfern arbeiten. Ich dagegen sehe mich mit einem geistigen Helfer, einem „Spirit", verbunden. Er gab sich mir aber in verschiedenen Gestalten zu erkennen. Gleich war und blieb die Energie, die ich spüren durfte, sobald der Kontakt zu diesem Spirit (geistigen Wesen) hergestellt war, also die emotionale Kraft des Momentes. Matthew Smith sagte mir einmal, die gei-

stigen Helfer zeigen sich in der Form, die von uns ohne Furcht angenommen werden kann. So kann die erste Erscheinung, beim ersten Kontakt, bspw. in Gestalt eines Hundes, einer Katze, eines Kindes etc. auftreten, während sich der Spirit erst später in voller Größe und Herrlichkeit zeigt. Für mich gibt es „nur" diese eine grundlegende Energieform meines geistigen Helfers; die Erscheinungen sind für mich nebensächlich, aber die des Cherubs war zu Beginn eine unerlässliche Hilfe, um den Kontakt zu meinem Spirit überhaupt zulassen zu können und Vertrauen zu ihm und zur geistigen Welt aufzubauen.

*

I: Die Zusammenarbeit mit meinen geistigen Helfern entwickelte sich erst bei einer Übung in einem Seminar von Gordon Smith. Erst kam mein männlicher geistiger Helfer durch, den ich wegen seines Gewichts und seiner Größe auch dann gut wahrnehmen konnte, wenn ich mit meiner Aufmerksamkeit nicht hundertprozentig bei der Sache war, (was am Anfang eher die Norm als die Ausnahme war). Die ersten Hinweise von Gordon Smith und Steven Levett bestätigten die Anwesenheit eines männlichen geistiger Helfers; ihre sehr unterschiedlichen und mich eher verwirrenden Beschreibungen ergaben jedoch erst einige Jahre später wirklich Sinn. Dieser geistige Helfer spricht heute gerne durch mich, wenn ich in einem tieferen Trance-Zustand bin, und sehr oft sind seine Botschaften sinnstiftender und lebensphilosophischer Natur. Er gehört auch zu den geistigen Lehrern, die bei der Erstellung dieses Buches und beim Anleiten unserer regelmäßigen medialen Übungsgruppen mit sehr viel Freude mitwirkt.

Doch blieb er nicht mein einziger geistiger Begleiter. Bereits einige wenige Monate später wurde mir in Übungsgruppen von mehreren Personen, unabhängig voneinander, eine weitere geistige Helferin bestätigt; sie nahmen eine Frau wahr, mit einer ca. 40 cm hoch aufgetürmten Haarfrisur. Wer mich kennt, weiß, dass ich kein Freund von komplexen Frisuren bin und dass ich wenig Freude daran habe, mich intensiv mit meinen Haaren zu beschäftigen. Ich ging den Hinweisen jedoch trotz dieser Abneigung nach und setzte mich regelmäßig in die Stille, um mit ihr Kontakt aufzunehmen. Nicht nur, dass sie sich bei mir konstant mit einer mir bestimmen „Visitenkarte" meldete. Ich merkte auch, dass sie sowohl in der aktiven medialen Kommunikation eng mit mir zusammenarbeitete als auch mich bei anderen, häufig beruflichen, Alltagsthemen unterstützte.

Da ich grundsätzlich ein skeptischer Mensch bin und so meinen eigenen Erfahrungen am Anfang nicht traute, bat ich meine geistigen Helfer, mir durch unbekannte Dritte (z. B. mediale Übungspartner, erfahrene Medien) die Visitenkarten, markante Beschreibungen oder gar die Namen meiner geistigen Helfer zu bestätigen. Dies geschah tatsächlich, sodass ich heute davon ausgehe, mit einem Kern-Team von geistigen Helfern zusammenzuarbeiten. Ob diese geistiger Helfer tatsächlich alle, voneinander getrennt, als individuelle Persönlichkeiten auf der Erde gelebt haben, oder ob sie vielleicht alle ein und dieselbe Seele repräsentieren, die mehrere Inkarnationen hinter sich hat, ist für mich noch nicht geklärt.

Für meine Arbeit in den verschiedenen medialen Disziplinen spielen die Persönlichkeiten heute weniger eine Rolle. Allerdings dient mir das Erkennen der jeweiligen geistigen Persönlichkeiten oft als Hinweis für die mediale Disziplin, die es bei einem Klienten zu praktizieren gilt.

*

Wir wollen die Übungsschritte zum Erkennen verschiedener Geisthelfer noch einmal kurz zusammenfassen:

---

8. Übung:

a) Setz dich in Ruhe hin und entspanne.

b) Dehne deinen Strahlenkranz zu einem großen und weiten Energie-Schirm aus.

c) Lade deinen geistigen Helfer ein und nimm ihn in all seiner Präsenz wahr.

d) Bitte nun deinen geistigen Helfer, zur Seite zu treten und lade eine andere, dir noch unbekannte geistige Wesenheit ein, sich dir vorzustellen.

e) Nimm alles wahr, was nun passiert. (Notiere ggf. nach der Übung deine Wahrnehmungen.)

f) Dann bitte auch diese Wesenheit, zur Seite zu treten, und verweile einen Moment lang in deiner eigenen Präsenz.

g) Bitte nun deinen treuen geistigen Helfer wieder heranzutreten; nimm ihn in aller Deutlichkeit wahr.

---

h) Spüre genau bzw. erforsche, inwiefern er sich von der neuen Wesenheit unterscheidet.

i) Du kannst jetzt zwischen den beiden Wesenheiten, in dieser Weise, immer wieder wechseln und die Unterschiede erkunden, solange du möchtest. Lerne beide gut kennen.

j) Beende die Übung, indem du dich bei den beiden geistigen Helfern bedankst und langsam in dein Alltagsbewusstsein zurückkommst.

9. Übung: Mit Verstorbenen kommunizieren

Nachdem ihr euer Energiefeld (*Aura*-Feld) ausgeweitet habt und gelernt habt, mit unterschiedlichen geistigen Helfern aus eurem Helfer-Team zusammenzuarbeiten, ist nun der Zeitpunkt gekommen, ganz bewusst die Erfahrung zu machen, Verstorbene zu empfangen, die früher entweder gar nicht mit euch in Verbindung standen oder sich am Rande eures Bekanntenkreises befanden.

Hierfür setzt ihr euch wieder hin und entspannt. Seid euch bewusst, dass auch diese Übung nur ein Experiment ist; eine Übung, weiter nichts. Solange ihr diese Einstellung zulasst, werdet ihr voller Vertrauen und voller Licht und Liebe sein; in diesem Zustand ist alles möglich.

Baut euer eigenes strahlendes Energiefeld (*Aura*) auf. Stellt euch vor, dass es euch wie ein Ei umschließt und voller Liebe und Licht durch euch hindurchscheint.

Bittet nun eure geistigen Helfer, euch einen Gast zu senden, d. h. jemanden, der erst vor kurzer Zeit verstorben ist. Wartet ab, was geschieht. Es hilft, wenn ihr euch vorstellt, dass dieser „geistige Gast" durch eine imaginäre Tür eintritt und sich über euer Energie-Ei mit euch verbindet, um mit euch zu kommunizieren.

Nehmt wahr, wie sich eure eigene körperliche Wahrnehmung verändert, während euer „geistiger Gast" sich mit Euch verbindet:

> ➢ Wird euer Körper gefühlt größer oder kleiner?

> ➢ Weiten sich die Schulterpartien oder fallen sie nach vorne zusammen?

> ➢ Wie groß ist jetzt der Bauchumfang?

> Wie lang sind die Finger an den Händen?

> Kann ich die Form eines Gesichtes wahrnehmen – die Augenbrauen, die Größe des Mundes, ggf. einen Bart oder eine besonders hervorstechende Nase etc.?

> Fühle ich mehr die Energie einer Frau oder die Energie eines Mannes?

Nehmt die Verbindung euren „geistigen Gast" wahr, und was immer ihr wahrnehmt, lasst es einfach zu. Wenn ihr bereit seid, sprecht das, was ihr wahrnehmt, laut aus.

Im nächsten Schritt lernt ihr diesen Verstorbenen als Person näher kennen: Vielleicht erfahrt ihr, was für ein Mensch er oder sie war? Welche Persönlichkeit besitzt Euer „geistiger Gast":

> Ist er oder sie eher ein ruhiger beobachtender oder ein sehr kommunikativer, forscher Charakter gewesen?

> War er oder sie eher ein nüchterner, sachlicher oder ein aufbrausender, emotionaler Typ?

Lasst euren Gast auf die Art und Weise erzählen, die er wählt. Gerne könnt ihr innerlich auch nach Aspekten seines Lebens fragen, bspw.:

> Warst du verheiratet und hattest du eine eigene Familie?

> Welchem Beruf gingst du nach?

> Was waren deine liebsten Freizeitbeschäftigungen?

> Wo wohntest du? (Kleines Zimmer, größere Wohnung, eigenes Haus? Wie sah die Wohnungseinrichtung aus?)

> Wie sah der Wohnort aus? (dörflicher Charakter oder Großstadt?)

> Welche technischen Gegenstände gab es zu deiner Zeit? (Auto, Waschmaschine, Telefon, Fernseher, Computer, Föhn, Motorrad, Motorboot etc.?)

> Welche Kleidung trugst du bevorzugt? (Legtest du überhaupt Wert auf gute und ordentliche Kleidung?)

> Welche Speisen mochtest du besonders?

Ihr seht, es gibt unzählige Aspekte, die es hier zu erforschen gilt.

Am Ende eures Kennenlernens fragt ihr euren Gast, was der Grund seines Auftauchens ist. Oft kommt dann eine Botschaft zum Vorschein, oder es wird ein Symbol überreicht, das für euch eine Bedeutung haben kann. Was immer es ist, nehmt es wahr und bedankt euch für das, was ihr erhaltet.

Am Ende der Übung bedankt euch bei dem Verstorbenen für sein Kommen und verabschiedet ihn bewusst. Genießt für einen Moment eure Körperwahrnehmung, bevor ihr die Augen öffnet und ganz allmählich in euer Alltagsbewusstsein zurückkehrt.

Wer mag, kann während solcher Begegnungen ein Aufnahmegerät neben sich legen und das Gesprochene aufnehmen. Doch für dieses erste Mal genügt es, dass ihr lernt, verschiedene Verstorbene selbst einzuladen und deren Präsenz zu spüren bzw. wahrzunehmen.

*

I: Viele unserer Lehrer (Gordon Smith, Steven Levett, Matthew Smith, Eileen Davis, Jill Parker u. a.) haben uns darauf hingewiesen, wie wichtig gegenseitiger Respekt in der Zusammenarbeit mit Wesen aus der anderen Welt ist. Dabei geht es nicht nur um einen respektvollen Kontaktaufbau mit unseren geistigen Helfern, sondern auch darum, am Ende einer gemeinsamen Arbeit den Kontakt nicht plötzlich abzubrechen. Schließlich würde ein abruptes Aufbrechen, wenn man bei jemandem zu Gast ist, oder noch schlimmer, ein plötzliches Herauskomplimentieren von eigenen Gästen, ja auch in unserer Welt unhöflich erscheinen.

Während ich mir am Anfang viel Zeit ließ, um den Kontakt variationsreich aufzubauen, bspw. mit Gebeten oder dem Herbeirufen von Heiligen und bekannten Heilern, neigte ich dazu, sobald ich merkte, dass die Energien meiner geistigen Helfer nachließen, die Sitzung abrupt zu beenden und mit meinen Gedanken bereits bei dem nächsten anstehenden Ereignis zu sein. Mit der Zeit fiel mir auf, dass ich das nicht nur im Umgang mit den geistigen Helfern tat, sondern auch, wenn ich Menschen im alltäglichen Leben begegnete; und nicht jeder meiner Gesprächspartner kam damit gleich gut zurecht. Aus meiner beruflichen Erfahrung im Bereich Führungskräfteentwicklung heraus weiß ich, dass in Begegnungen jeder Mensch eine unterschiedlich lange Aufwärm- und Loslass-Phase präferiert, und wir mögen uns bewusst sein, dass dies für Begegnungen mit der geistigen Welt im selben Maße zutreffen kann.

*

Wir wollen die Übungsschritte zur Kommunikation mit Verstorbenen noch einmal kurz zusammenfassen:

---

9. Übung:

a) Setze dich hin und entspanne. Sei dir bewusst, dass diese Übung nur ein Experiment ist.

b) Dehne dein Energiefeld zu einem großen, dich umhüllenden, leuchtenden Energie-Ei aus.

c) Bitte nun deine geistigen Helfer, dir einen Gast zu senden, der erst vor kurzer Zeit verstorben ist. Du kannst dir vorstellen, dass dieser Gast durch eine imaginäre Tür eintritt.

d) Nimm wahr, wie sich deine körperliche Wahrnehmung verändert (Größe, Körperumfang, Gesichtszüge, Füße/Hände, etc.).

e) Lasse dann zu, dass du etwas über die Persönlichkeit und/oder das Leben des Verstorbenen erfährst.

f) Nimm alles wahr, was passiert.

g) Sprich, wenn du es möchtest, das, was du wahrnimmst, laut aus und achte darauf, ob du ggf. den Grund für diesen Kontakt erfährst (Botschaft oder Symbol). Bedanke dich dafür.

h) Die Übung ist beendet, wenn die verstorbene Seele zurücktritt. Bedanke dich und kehre langsam in dein Alltagsbewusstsein zurück.

Natürlich ist es am Anfang schwierig, zu ermitteln, ob euer Gast, der Verstorbene, all das wirklich erlebt hat, was ihr meint, wahrgenommen zu haben. Hierzu ist später ein Gegenüber (z. B. ein *Übungspartner*) notwendig, der klärend antworten kann. Doch dies ist zu diesem Zeitpunkt nicht notwendig. Lernt, einfach zu sprechen und euch auf das zu konzentrieren, was durchkommt. Spürt die unterschiedlichen Seins-Zustände.

Für alle Übungen gilt: Erforscht die unterschiedlichen Arten der Übermittlung, die die geistige Welt nutzt, um euch hier als Medien auszubilden. Wünscht euch größtmögliche Offenheit und Forschergeist, mehr ist nicht nötig; und lasst euch nach dem Üben nicht von Zweifeln ablenken, das ist nicht zielführend. Eure Übungs-Disziplin, über einen längeren Zeitraum hinweg, wird sich auszahlen, und darum geht es.

In diesem Sinne wünschen wir euch für diese Aufgabe viele wunderbare Gäste aus der geistigen Welt und viel Freude beim gegenseitigen Kennenlernen.

10. Übung: Die eigene Mission ergründen

Die Fragen, die sich jeder ab einem bestimmten Moment stellen darf, lautet: Warum will ich ein Medium sein? Was treibt mich wirklich an? Darum geht es in der nun folgenden Übung, die zwar kurz, aber von zentraler Wichtigkeit für eure spirituelle Entwicklung ist.

Setzt euch hin und atmet tief ein und aus. Lasst eure Gedanken für einen Moment ziehen, bevor ihr euch in gewohnter Weise entspannt.

Nun bittet eure geistigen Helfer, euch noch mehr, d.h. in eine noch viel tiefere Entspannung hineinzuführen. Wartet ab, was passiert.

Fällt es euch jetzt schwer, euch von euren Gedanken zu lösen, wählt besser einen anderen Zeitpunkt für diese Übung aus.

Habt ihr aber einen tieferen, tiefer als euch bekannten, Grad der Entspannung gefunden, dann fragt euch: Was ist wirklich wichtig in meinem Leben? Und wartet auf die Antwort, die sich in euch entwickelt.

Dann fragt euch: Welche Mission wollt ihr, meine geistigen Helfer, mit mir gemeinsam in dieser Zeit erfüllen? Wartet danach ab und beobachtet, was ihr wahrnehmt und welche Einsichten ihr einsammelt.

Nun, lasst euch weiterhin inspirieren, indem ihr um eine Gabe, ein Geschenk bittet, das euch die geistige Welt mitgeben möchte; diese Gabe könnte z. B. in Form eines Symbols auftauchen. Dieses Symbol stellt ein Hilfsmittel dar; es erinnert euch in der nächsten Zeit immer wieder daran, dass ihr nicht allein eine Mission habt, sondern dass auch andere aus der geistigen Welt mit euch daran arbeiten, diese Mission zu erfüllen.

Dann verabschiedet euch von euren geistigen Helfern, indem ihr euch für das Geschenk bedankt, und kehrt langsam wieder in euer Alltagsbewusstsein zurück.

Sitzt noch eine Weile in der Stille, bevor ihr die Augen öffnet und euch den weltlichen Herausforderungen in eurem Alltag zuwendet.

*

Wir wollen die Übungsschritte zur Ergründung der eigenen Mission noch einmal kurz zusammenfassen:

---

10. Übung:

a) Setze dich hin, atme tief ein und aus; lasse deine Gedanken ziehen und entspanne.

b) Bitte deine geistigen Helfer um noch tiefere Entspannung und warte ab, was passiert.

c) Wenn du einen tieferen Grad der Entspannung erlangst, stelle die Frage: Was ist wirklich wichtig in meinem Leben?

d) Warte auf die Antwort deines geistigen Helfers.

e) Stelle nun die Frage: Welche Mission wollt ihr, meine geistigen Helfer, gemeinsam mit mir in dieser Zeit erfüllen?

f) Warte auf die Antwort, nimm alles wahr und sammle Einsichten.

g) Bitte dann um eine Gabe und warte wieder auf die Antwort.

h) Verabschiede dich von deinen geistigen Helfern, indem du dich bedankst, und beende die Übung, indem du langsam wieder in dein Alltagsbewusstsein zurückkehrst.

---

i) Sitze noch eine Weile in der Stille, bevor du die Augen öffnest. Diese Übung könnt ihr von Zeit zu Zeit wiederholen.

Wenn ihr unsicher seid oder bezweifelt, dass das, was in euch auftaucht, wahrhaftig ist, dann bittet die geistige Welt, euch im Alltag Signale zu geben; das mag ein Wort eines Bekannten sein, ein Ereignis, das ihr auf der Straße beobachtet, oder nur ein Satz, den ihr irgendwo lest. Was auch immer es ist, seid euch bewusst, dass nichts (von der geistigen Welt) unternommen wird, um euch zu verunsichern. Alles wird getan, um euch noch mehr Vertrauen und Sicherheit zu geben.

Schreibt eure Erkenntnisse auch hier wieder auf und freut euch an euren Fortschritten beim medialen Arbeiten, denn diese werden von nun an zahlreicher sein, als ihr bislang erlebt habt.

11. Übung: Die Kommunikation mit der geistigen Welt stärken

In dieser Übung werdet ihr erneut die Verbindung zur geistigen Welt üben; diesmal aber auf eine andere Art und Weise:

Setzt euch hin und entspannt euch auf gewohnte Art und Weise. Atmet ein und aus und lasst eure Gedanken ziehen. Baut die Präsenz in eurem Körper auf, indem ihr alles klar wahrnehmt.

Wenn ihr in euch zur Ruhe gekommen seid, verbindet euch mit eurem geistigen Helfer. Spürt eine Weile lang seine/ihre Präsenz, bevor ihr weitermacht.

Nun lasst euch von der geistigen Welt ein Lied, einen philosophischen Text, ein Zitat, ein Mantra oder ähnliches durchgeben, indem ihr kurz um etwas dergleichen bittet. Wartet ab, was geschieht.

Habt ihr einen Satz (*Lied* etc.) erhalten, dann nehmt wahr, welche Reaktionen das Übermittelte in euch auslöst. Seht ihr Bilder? Steigen Emotionen hoch? Tauchen inspirierende Gedanken auf? Was immer geschieht, beobachtet es nun eine Weile lang.

Dann bittet eure geistigen Helfer, euch den Anlass für diese Übermittlung mitzuteilen: Warum habt ihr mir diesen Satz durchgegeben? Wartet ab, was geschieht.

Im zweiten Schritt stellt die Frage: Welche Bedeutung hat dieser Satz aus eurer Sicht und was veranlasst euch gerade heute, zu diesem Zeitpunkt, mir diesen zu übermitteln? Wartet wieder ab, was geschieht.

Was immer die Bedeutung, der Anlass und der Grund für den Zeitpunkt ist, nehmt es einfach wahr und genießt die Kommunikation mit euren geistigen Helfern; denn darum geht es jetzt besonders.

Fragt weiterhin, falls nicht schon beantwortet: Welche heilende Botschaft liegt in dem Satz?

Bittet die geistige Welt, euch die ganze Schönheit des Übermittelnden zu zeigen. Genießt und taucht ein in all das, was euch dann an Schönem gezeigt wird, immer in Verbindung zu dem Satz (*Spruch, Lied, Zitat*, etc.), der euch gegeben wurde.

So könnt ihr auf eure eigene Weise fortfahren, mit euren geistigen Helfern zu kommunizieren; übt dabei spielerisch eine Weile lang.

Schließt die Verbindung wie gewohnt ab und genießt noch eine Weile die Präsenz in eurem eigenen Körper. Dann öffnet die Augen und schreibt die gesammelten Erfahrungen auf.

*

Wir wollen die Übungsschritte zur Stärkung der Kommunikation mit der geistigen Welt noch einmal kurz zusammenfassen:

11. Übung:

a) Setze dich hin und entspanne auf gewohnte Art und Weise.

b) Baue die Präsenz in deinem Körper auf, indem du alles klar wahrnimmst.

c) Verbinde dich mit deinem geistigen Helfer. Spüre für eine Weile seine Präsenz, bevor du weitermachst.

d) Nun bittest du deine geistigen Helfer um ein Lied, einen philosophischer Text, ein Zitat oder ein Mantra.

e) Frage deinen geistigen Freund nach dem Anlass für diese Übermittlung und nach dem Grund für diesen Zeitpunkt.

f) Was immer es ist, nimm alles einfach wahr und genieße die Kommunikation mit deinen geistigen Helfern.

g) Frage nun weiter, welche heilende Botschaft in dem Satz liegt, der dir gegeben wurde, falls nicht schon übermittelt, und bitte darum, dir die ganze Schönheit des Übermittelten zu zeigen.

h) Genieße und tauche ein in das Schöne, das du in Bezug auf den Satz wahrnimmst.

i) Bedanke dich für alles und verabschiede dich von deinen geistigen Helfern.

j) Beende die Übung, indem du langsam in dein Alltagsbewusstsein zurückkehrst.

k) Sitze noch eine Weile in der Stille, bevor du die Augen öffnest.

l) Schreibe deine Erfahrungen und Einsichten auf.

12. Übung: Die Früchte der eigenen Medialität ernten

Ihr geht in der folgenden Übung der Frage nach, welchen Nutzen die Medialität bisher für euch selbst hatte.

Hierzu bitten wir euch, euch zu setzen, eure innere Ruhe zu finden und euch zu entspannen. Lasst alles los, was euch im Alltag belastet, entspannt euren physischen Körper wie auch euren emotionalen Körper; wenn möglich, lasst eure Gedanken ziehen.

Nun verbindet euch mit euren geistigen Helfern und bittet sie, sich mit euch ganz intensiv zu verbinden. Lasst euch von ihrer Liebe und ihrem Dasein einhüllen; lasst euch in dieser Erfahrung ganz fallen.

Dann bittet eure geistigen Helfer, euch zur zeigen, was sich, seitdem ihr regelmäßig diszipliniert übt, in eurem Leben alles verändert hat. Schaut genau hin, welche Ereignisse sie euch zeigen, und nehmt wahr, welche Emotionen diese in euch auslösen und welche Erkenntnisse ihr daraus für euch zieht.

Die Ereignisse können einzeln auftauchen, d. h. als Detail, oder sie kommen wie ein Strom voller Lebens-Sequenzen, sodass ihr erst einmal einen Überblick über all das bekommt, was ihr während eurer medialen Reise erfahren habt.

Nehmt das alles wahr und beobachtet, was diese Rückschau auf eure bisherige spirituelle Reise mit euch macht. Schaut, ob ihr neue Erfahrungen gesammelt habt, die euch gut taten. Schaut, wie sich euer Vertrauen in das, was wir „geistige Welt" nennen, aufbaute, und schaut, wie sich dadurch eure Beziehungen im Leben verändert haben, indem ihr euch fragt: Wie reagiere ich heute auf meine Mitmenschen? Wie reagieren andere Mitmenschen auf mich? Welche Haltung habe ich entwickelt zu der Arbeit, die ich täglich verrichte? Inwieweit hat sich meine Einstellung dazu weiterentwickelt?

Schaut, wie ihr euch auf dieser medialen Reise weiterentwickelt habt, und nehmt es einfach wahr. Wenn ihr möchtet, könnt ihr alle Erkenntnisse und Einsichten gerne notieren, doch viel wichtiger ist es, die Übung in nächster Zeit immer mal wieder durchzuführen, bis ihr für euch selbst zu einem vollkommenen Bild eurer spirituellen Entfaltung gekommen seid.

Denn, wenn ihr für euch allein übt, ist es schwierig, den eigenen Fortschritt wahrzunehmen. Wenn ihr nicht selbst hin und wieder innehaltet, werdet ihr euren Entwicklungsstand nicht gut einschätzen können. Und es ist auch an der Zeit, Inventur zu halten, um zu sehen, ob das, worin ihr so viel Zeit investiert habt, wirklich zu eurem aktuellen Leben passt, ob euch diese Reise wirklich Freude bereitet und ob ihr diese mediale Disziplin wirklich weiterführen wollt.

Bedankt euch bei euren geistigen Helfern für alles, was sie euch gezeigt haben, und taucht nun wieder in euer Alltagsbewusstsein ein.

Wenn ihr möchtet, schaut in den nächsten Tagen immer wieder in eure Notizen, rekapituliert die Erfahrungen aus den vergangenen Wochen oder Monaten und sammelt daraus Erkenntnisse.

*

Wir wollen die Übungsschritte zur Ernte der Früchte der eigenen Medialität noch einmal kurz zusammenfassen:

12. Übung:

a) Sitze in Stille und baue dein Energie-Feld auf.

b) Verbinde dich mit deinem geistigen Helfer.

c) Bitte um eine besonders intensive Verbindung. Lasse dich von seiner Liebe einhüllen und lasse dich in dieser Erfahrung fallen.

d) Bitte dann deinen geistigen Helfer dir zur zeigen, was sich in deinem Leben verändert hat, seit du regelmäßig übst.

e) Schau dir die gezeigten Ereignisse genau an, nimm die ausgelösten Emotionen wahr und ziehe für dich Erkenntnisse daraus.

f) Schau, ob du neue Erfahrungen auf deiner medialen Reise gesammelt hast, die dir gut taten:

g) Wie hat sich dein Vertrauen zu der geistige Welt aufgebaut?

h) Wie reagierst du heute auf deine Mitmenschen?

i) Wie reagieren andere auf dich?

j) Welches Verhältnis has du aufgebaut zu deiner täglichen Arbeit?

k) Was hat sich verändert?

l) Nimm einfach wahr, wie du dich auf deiner medialen Reise weiterentwickelt hast.

m) Verabschiede dich von deinen geistigen Helfern, indem du dich für alles bedankst. Tauche langsam wieder in dein Alltagsbewusstsein ein.

Ausklang: Sich einen medialen Urlaub gönnen

Wenn ihr die 12 Übungen durchgeführt habt, seid ihr an einem Punkt angekommen, wo ihr die Grundlagen zur Kommunikation mit der geistigen Welt erworben habt. Es ist, als sei euer erstes Schuljahr nach all der Zeit des Übens zu Ende gegangen, und ihr habt nun die Möglichkeit – es ist auch eine Chance –, alles, was ihr getan und erfahren habt, von einer höheren Warte aus zu betrachten.

Jetzt solltet ihr eine Auszeit von den medialen Übungen nehmen! Gönnt euch dafür bitte mindestens 4 Wochen, aber idealerweise 6 Wochen, in denen ihr „mediale Sommerferien" macht, bevor ihr euch der medialen Arbeit wieder zuwendet. Während ihr „medial frei" habt, beobachtet genau, ob ihr etwas vermisst im sonstigen Alltag.

Diese Auszeit ist wichtig, damit ihr alles, was ihr gelernt habt, in euer persönliches Leben integriert. Denn es geht nicht darum, nur die Gabe zu entwickeln, in formalen Übungssituationen als mediales Telefon zu wirken. Nein, es geht darum, dass ihr lernt im normalen Alltag mit euren medialen Fähigkeiten umzugehen. Dies wird jedoch auf natürliche Weise und häufig unbewusst geschehen. Es gilt jetzt, für eine Weile von eurem medialen Übungsweg Abstand zu nehmen, loszulassen und euch dem zu öffnen, was das Leben euch an neuen Herausforderungen und Erlebnissen bietet.

*

I: Unser Lehrer Matthew Smith hat uns stets darauf hingewiesen, nach längeren Übungseinheiten Übungspausen einzulegen. Aus meiner Sicht half mir dies, die eigene Motivation immer wieder auf den Prüfstand zu stellen und abzugleichen, ob ich anderen Themen in meinem aktuellen Leben eine höhere Priorität einräumen wollte. Zudem konnte ich das, was ich in den medialen Übungsräumen an Einsichten gewann, auch auf Alltagstauglichkeit hin prüfen, was den Aufbau meines persönlichen Vertrauens in die durchgegebenen Botschaften noch weiter unterstützte.

*

Habt ihr diszipliniert und regelmäßig die Übungen absolviert, die wir euch vorgestellt haben, dürfte euer Vertrauen inzwischen so gewachsen sein, dass ihr wisst – und nicht nur glaubt –, dass euch die geistigen Helfer tatsächlich auf eurem Weg begleiten und unterstützen. Für jeden von euch mag dies anders sein: Diejenigen, die den medialen Weg für sich fortsetzen wollen, werden auch entsprechend geführt werden und die notwendigen Impulse bekommen. Für alle anderen war die mediale Übungszeit nur ein Reiseabschnitt auf ihrer persönlichen Reise.

Aufgrund der erworbenen Kompetenz könnt ihr euch nun jederzeit mit euren geistigen Helfern verbinden. Mit dem Wissen und der Erfahrung, dass es darüber hinaus noch weitere geistige Wesen gibt, die euch bzw. andere in eurem Umfeld unterstützen, werdet ihr nicht nur geistig weiterwachsen, sondern euer Leben wird sich auch leichter entfalten. Ihr werdet darin unterstützt, noch mehr in innere Harmonie zu kommen, umfassendere Liebe und Klarheit zu fühlen, euch selbst und anderen tiefer zu begegnen.

Ihr braucht euch nur für die Liebe zu entscheiden und für das Vertrauen, dass ihr auch nach diesem irdischen Leben weiterhin existieren werdet. Euer eigenes Leben wird an Vielschichtigkeit und Farbenfrohsinn gewinnen, wie ihr es nicht für möglich haltet. Doch ist es wichtig, dass ihr nach eurer Auszeit wirklich nach innen lauscht und schaut, ob und ggf. wie, die Reise für euch weitergehen kann. Dabei gibt es keine richtige oder falsche Entscheidung; alles was ihr bewirken sollt und erfahren wollt in diesem Leben, wird sich auf die eine oder andere Weise entwickeln. Denn die Liebe zu euch, die Liebe zu den geistigen Freunden und die Liebe zu der Schöpfungskraft wird euch von nun an immer begleiten; und die Erfahrungen, die ihr gesammelt habt, kann euch keiner nehmen.

Kapitel IV – Aufbau einer eigenen Übungsgruppe

In diesem Kapitel wollen wir unsere Erfahrungen im Aufbau von medialen Übungsgruppen mit euch teilen und euch Tipps geben, falls ihr wie wir eines Tages vor der Aufgabe steht, eine solche Gruppe zu leiten:

Wer kennt das nicht: Von einem Seminar kommend, nimmt man sich vor, das frisch Gelernte regelmäßig zu üben und im Alltag anzuwenden. Doch dann, wenn man zu Hause wieder auf sich allein gestellt ist, ist es oft schwer, die notwendige Disziplin und Motivation für ein regelmäßiges Üben aufzubringen. Auch beginnt bei dem einen oder anderen der Zweifel einzusetzen, ob das, was man gehört hat, wirklich für einen selber funktionieren kann. In Phasen der Entmutigung lässt man die selbst gewählte Lern-Disziplin schnell fallen.

Ramadan, eine inspirierende Persönlichkeit aus der geistigen Welt, hat durch das bekannte englische Medium Ursula Roberts darauf hingewiesen, wie wichtig es für den Einzelnen ist, sich einer Gruppe anzuschließen, wenn er sich als Mensch und als spirituelles Wesen weiterentwickeln möchte. (Ramadan Trust, 2006, Volume 6, S. 37– 39) Die Gruppe hilft , auch dann weiterzumachen, wenn die anfängliche Begeisterung sowie der Wunsch, sich in der gewählten Disziplin weiterzuentwickeln, schwindet. Die Gruppe ist der „Ort", an dem die Schwachen den Starken helfen, ihr Verständnis weiterzuentwickeln und die Schwachen den Starken die Möglichkeit des Dienens geben, so Ramadan. Die Starken wiederum helfen den Schwachen durch ihre Ermutigung und ihr Verständnis.

Ramadan weist auch darauf hin, dass ein Teil des inneren Wachstums in Abgeschiedenheit und Stille, bspw. in der Meditation oder im Gebet stattfindet. Aber die wirkliche Stärkung des Charakters findet statt, wenn man mit anderen zusammen ist, wenn man Teil einer Gruppe, und einer Familie ist. Ist man dagegen allein nimmt niemand wahr, welche Anstrengungen man unternommen hat, dann ist es nicht ungewöhnlich, dass man verzagt und sich unfähig und schwach fühlt. Wie anders ist es, wenn Gleichgesinnte die eigenen Anstrengungen wahrnehmen, die kleinen und größeren Erfolge in der eigenen Entwicklung honorieren und diese zurückspiegeln. Ramadan verweist darauf, wie wichtig diese gegenseitige Ermutigung ist, um durchzuhalten, um geduldig und verständnisvoll mit dem eigenen Stolpern, Hinfallen und Schwachsein umgehen zu können.

Eine mediale Übungsgruppe gibt diesen Halt und bietet den Raum, sich gegenseitig zu ermutigen, Verständnis zu entwickeln und füreinander in dienender Weise da zu sein. Sie bietet darüber hinaus die Chance, in experimenteller und spielerischer Art und Weise unterschiedliche mediale Übungsfelder zu erforschen und sich selbst darin zu erfahren. Gerade im Zusammenspiel und in der Auseinandersetzung mit unterschiedlichen Persönlichkeiten und deren Emotionalität und Erwartungshaltungen werden die eigenen medialen Kompetenzen und Charakterstärken auf den Prüfstand gestellt.

Nach den 4–6 Wochen eurer Auszeit mag der Tag kommen, an dem ihr die Sehnsucht verspürt, diesen Weg mit euren geistigen Helfern noch weiter zu erforschen. Dann ist die Zeit gekommen, wo ihr aus eurem individuellen Üben heraustreten und euch Übungspartner suchen dürft; vielleicht tauchen sie auch von selber in eurem Leben auf. Wenn ihr euch fragt, woher die Übungsmöglichkeiten auftauchen sollen, vertraut einfach der geistigen Führung, die euch hierfür die entsprechende Unterstützung bringen wird. Seid aber auch bereit, dafür einen persönlichen, größeren Einsatz zu leisten. Nicht selten heißt dies am Anfang, eine größere Wegstrecke zurückzulegen, um zunächst andere Übungsgruppen kennenzulernen. Es bedeutet aber auch genauso einen erheblichen Kraftaufwand, wenn ihr euch dann entschließen solltet, selber eine regionale Übungsgruppe aufzubauen.

Die Rolle des Gruppenleiters

Wir sind sehr früh angesprochen worden, eine mediale Gruppe zu leiten, und da wir beide dem Irrtum unterlagen, wir müssten erst selber professionelle Medien sein, bevor wir eine Gruppe anleiten könnten, hat es ein paar Monate gedauert, bis wir tatsächlich den Schritt wagten. Glücklicherweise gab es andere in der Gruppe, die uns so liebevoll darum baten, dass wir gar nicht anders konnten, als die Rolle der Gruppenleitung zu übernehmen.

Wir wollten von Anfang an auf partnerschaftlicher Basis arbeiten, d. h. dass alle Gruppenteilnehmer gleichberechtigt auf dem spirituellen Weg sind und dass wir keine Lehrer und Meister darstellen, sondern uns in der Rolle des Moderators verstehen. Das wurde und wird von uns immer wieder betont. Jeder Teilnehmer hat für sich, für seine spirituelle Entwicklung und für seine Übungs-Erfahrungen die volle Verantwortung zu übernehmen. Dies wurde und wird von uns immer wieder klar kommuniziert. Das heißt auch, dass wir als Gruppenleiter keine Haftung für evtl. Nachwirkungen oder gar negative gesundheitliche oder psychische Konsequenzen übernehmen.

Wenn Fragen auftauchen, beantworten wir diese immer aufgrund unserer Erfahrung und unseres Wissenstandes und machen von Anfang an deutlich, dass es sehr viele verschiedene Perspektiven gibt und dass wir selbst keine professionellen Medien sind. Korrigierendes Feedback wird von uns nur gegeben, wenn unsere definierten Grundprinzipien (siehe unten) verletzt werden oder wenn sich Teilnehmer in der Gruppe destruktiv verhalten.

Wir empfehlen, dass ihr für euch reflektiert, auf welchen Prinzipien der Zusammenarbeit ihr die Gruppe (mit-)gründen möchtet. Unsere Erfahrung ist, dass durch das Einführen solcher medialen Grundprinzipien eine zusätzliche Ernsthaftigkeit bzgl. des gemeinsamen Übens entsteht. Ferner können neue Teilnehmer durch die Übergabe der Prinzipien (digital oder ausgedruckt) zügiger in Kenntnis gesetzt werden, sodass sie sich schneller integrieren können. Längere und damit zeitraubende Erläuterungen zum Set-up am Anfang einer Übungsrunde sind dann nicht mehr notwendig.

Beispiel Mediale Gruppenübungen: Wünsche der Zusammenarbeit:

- Wir treffen uns, um uns gemeinsam mit unseren spirituellen Freunden zu entfalten.

- Unsere Treffen sind experimenteller Natur, d.h. keine Ergebnisse (z.B. Heilungen) können erwartet werden.

- Wir sind uns stets bewusst, dass wir in einer Lernsituation sind, d.h. wir gehen davon aus und erlauben es uns in der Rolle als Praktizierende, dass wir Fehler und Erfahrungen sammeln dürfen.

- Jeder von uns ist für sich und seine Entfaltung selbst verantwortlich.

- Dies bedeutet, dass in Situationen, die unser Wohlbefinden stören, die störenden Faktoren angesprochen bzw. angegangen werden um sie gegebenenfalls sofort aufzulösen.

- Da wir alle Übende, Lehrende und Lernende zugleich sind (auch Martin und Iris) ist es sogar gewünscht, dass wir uns gegenseitig Rückmeldungen geben.

- Bitte seid pünktlich wir schließen die Türen 5 Minuten nach Beginn der Veranstaltung um einen geschlossenen und hoch schwingenden Übungsraum aufzubauen.

- Wir empfehlen wir jedem Praktizierenden, sich vor dem Treffen und spätestens beim Betreten des Raumes in positiven und konstruktiven Gedanken zu üben.

- Botschaften die aus der geistigen Welt stammen, sind immer positiver unterstützender und aufbauender Natur. Sie werden von einer Energie der fürsorglichen, friedvollen oder liebenden Art, begleitet und können gerade daran erkannt werden.

- Uns ist bewusst, wie schnell uns unsere eigene Phantasie missleiten kann, so dass unsere Botschaften nicht aus einer spirituellen Quelle stammen, sondern z.B. von unserem Ego. Daher haben die Zuhörenden die Verantwortung, sorgfältig Belege und Beweise zu sammeln, die untermauern, dass die Botschaften tatsächlich von einer anderen Ebene her stammen. Die Rückmeldung dieser bestätigenden Botschaften schafft Vertrauen sowohl für den Empfänger, als auch den Sender.

- Wir sind uns bewusst, dass medizinische Diagnosen, negative Botschaften und verpflichtende Anweisungen keine Inhalte sind, die von der spirituellen Welt stammen. Tauchen diese auf, sollten alle Beteiligten diese als Fehlinterpretation ansehen und nicht weiter beachten. Wir werden Personen aus den Übungsgruppen ausschließen, die sich nicht an diese Regel halten!

- Achtet insbesondere nach tieferen Trance-Sitzungen darauf viel Wasser zu trinken.

- Falls Ihr euch nach einer Übungssequenz körperlich unwohl fühlt, so könnt Ihr euch gerne noch eine Weile bei uns ausruhen, bevor ihr nach Hause fahrt.

- Nach einer intensiven Übungs-Sequenz kann es zu Nachwirkungen kommen. Nehmt euch dann bitte auch Zuhause den notwendigen (Rückzugs-) Raum und die Ruhe, um euch zu regenerieren.

- Diese Prinzipien können als Basis für eigene „Regeln der medialen Zusammenarbeit" dienen.

Bestimmung des Charakters der Übungsgruppe

Was wir am Anfang unterschätzten, ist die positive und intensive Wirkung einer klaren Intention hinsichtlich des Ziels der gegründeten Übungsgruppe. Diese Intention hat nämlich auch Einfluss auf die Wahl der Übungsform und des Rahmens, in dem das Üben stattfinden soll.

Bevor wir uns auf die mediale Übungsgruppe im Weiteren fokussieren, noch ein kurzer Exkurs: Neben Gruppen, die physisch präsent sind, gibt es auch die Möglichkeit, über Telefon- oder Skype-Video-Konferenzen Übungsgruppen durchzuführen. Während dann Aspekte wie Räumlichkeiten und Verpflegung, wegfallen, haben diese Übungsformen jedoch Einfluss auf die Auswahl der Übungen sowie auf die Art der Moderation, auf die jedoch im Moment nicht eingegangen werden soll.

Bei den Präsenz-Veranstaltungen unterscheiden wir folgende Arten:

a) Experimentelle Übungsgruppen: Sie dienen dazu, Erfahrungen mit unterschiedlichen Übungsinhalten zu sammeln. Ziel dieser Gruppen ist es, auf spielerische und leichte Weise neue Erfahrungshorizonte zu öffnen.

b) Entwicklungs-Übungsgruppen: Hier treffen sich die Übungsteilnehmer, um gemeinsam an ihrer spirituellen Entwicklung zu arbeiten. Sie sind zielgerichteter, d. h. die Teilnehmer kommen zusammen, um sich bezüglich eines konkreten Themas intensiv zu entwickeln und gemeinsam nachhaltig weiterzuwachsen. Es treffen sich zur festen Zeit (oft einmal in der Woche), immer wieder dieselben Teilnehmer, um zu einem bestimmten Thema zu üben.

Klassische Themen, auf die sich eine feste Übungsgruppe konzentrieren könnte, sind u.a. folgende:

➢ Spirituelle Heilung

➢ Inspirierendes (mediales) Reden und Schreiben

➢ Verstorbenen-Lesung (Kommunikation mit Verstorbenen)

➢ Trance

➢ Physische Medialität

Welche Art von Übungsgruppe sich anbietet, hängt neben der persönlichen Präferenz auch wesentlich von den Neigungen aller Teilnehmer ab. Als Einstieg empfiehlt sich eine Experimentelle Übungsgruppe. Sollten mehrere Teilnehmer die Disziplin aufbringen wollen und auch tatsächlich aufbringen, kann der Übergang in eine Entwicklungs-Übungsgruppe erfolgen.

Wir selbst bauten eine feste Teilnehmer-Gruppe (Entwicklungs-Übungsgruppe) auf und konnten den positiven Effekt nach einigen Wochen gut wahrnehmen: So wurde ein harmonischer und dadurch energetisch leichterer Übungsraum für uns alle und für jeden Einzelnen geschaffen. Auch beobachteten die Teilnehmer nach gut eineinhalb Jahren, wie groß die Fortschritte ihrer Übungskollegen waren, was wiederum die Motivation, selbst weiterzumachen, stärkte, sowie ein weiteres Sich-Öffnen und Sich-verletzlich-Zeigen ermöglichte.

Wir möchten jedoch auch darauf hinweisen, dass einige sehr motivierte und eifrige Teilnehmer aus dieser kleinen, aber feinen Gruppe wieder ausschieden. Es war einfach eine zu große Herausforderung, konsequent regelmäßig dabei zu sein. Was zu Anfang bereitwillig angenommen wurde – nur Krankheit und Tod als Absagegrund zu akzeptieren –, kristallisierte sich mit der Zeit für einige Teilnehmer als nur schwer umsetzbar heraus.

Die Einladung der Teilnehmer

Das Einladen weltlicher Teilnehmer

Die Anzahl der Teilnehmer richtet sich nach der Größe des Raumes, der zum Üben zur Verfügung steht. Der Raum sollte frei genug sei, um sowohl Paararbeit als auch Kleingruppenarbeit (3er-, 4er-Gruppen) so durchführen zu können, dass nicht Rücken an Rücken bzw. Schulter an Schulter gearbeitet werden muss. Daher empfehlen wir, lieber rechtzeitig eine maximale Teilnehmer-Anzahl zu definieren. Wir selbst haben übrigens gute Erfahrungen damit gemacht, dass sich nur die Teilnehmer via Email anmelden, die nicht regelmäßig kommen. Dadurch war es uns möglich, im Vorfeld zu prüfen, ob wir genügend Stühle zur Verfügung haben, und wir konnten ggf. Teilnehmer bitten, Stühle selbst mitzubringen.

Neben der Anzahl der Teilnehmer gilt es zu entscheiden, ob man unerfahrene mit erfahrenen Teilnehmern zusammen üben lässt oder nicht. Arbeitet man nur mit unerfahrenen oder nur mit erfahrenen Teilnehmern, hat dies den Vorteil, dass man sich auf die jeweilige Erfahrungsstufe einstellen kann und bspw. bei fortgeschrittenen Gruppen Basisübungen weniger detailliert anleiten muss. Gemischte Gruppen hingegen haben den Vorteil, dass die erfahrenen Übungsteilnehmer mit Personen zusammenarbeiten, die zwar keine Erfahrung haben, aber der späteren, externen Zielgruppe (Klienten) gleichen. Zudem haben wir es häufig als erfrischend erlebt, wenn neue Personen die Gruppe verstärkt haben und sie ihr Erstaunen über ihre eigenen medialen Erfahrungen mit den Erfahrenen teilten.

In der Einladung ist darauf hinzuweisen, dass alle pünktlich zu erscheinen haben und dass bei Verspätungen kein Einlass mehr stattfindet, hat sich als sehr hilfreich erwiesen. Gerade in den ersten Minuten, wenn eine gemeinsame Stille in der Meditation aufgebaut wird, ist es oft störend, wenn verspätete Teilnehmer hektisch und überstürzt im Raum ankommen. Diese strenge Einlassregel steht in einer längeren Tradition der britischen spiritistischen Übungszirkel.

Allerdings hilft es den Teilnehmern, wenn die Organisatoren rechtzeitig vor den Terminen auf spezielle Events hinweisen, die ein pünktliches Eintreffen behindern könnten, z. B. offene Verkaufs-Sonntage, Märkte, Stadtfeste, öffentliche Demonstrationen, Sportevents etc., oder auch auf Straßensperrungen, Bahnstreiks, Unwetterwarnungen und dergleichen mehr.

*

Wir empfehlen, den Teilnehmern vorzuschlagen, ein eigenes Notiz- oder Tagebuch mitzubringen, um möglichst zeitnah wichtige Erlebnisse, Einsichten und gesammelte Erfahrungen dokumentieren zu können.

Das Einladen unserer spirituellen Helfer aus der Anderen Welt

Bevor wir unsere Gruppenübungen, aber auch unsere Einzelsitzungen beginnen, ist es uns ein Anliegen, unsere Spirit-Freunde und all diejenigen geistigen Helfer einzuladen, dabei zu sein, die wir als unterstützend und stärkend wahrgenommen haben.

Es mag jeder für sich ausprobieren, aber es macht aus unserer Sicht einen erheblichen energetischen Unterschied, wenn geistige Helfer von der spirituellen Ebene eingeladen werden. Die Wirkungsintensität bzw. die Leichtigkeit, mit der die Übungsstunden gestaltet werden, ist im Vergleich, wenn man aus seinem Alltagsbewusstsein heraus das Übungstreffen gestaltet, erheblich höher. Wir spüren oftmals, wie sich die Atmosphäre im Raum allein dadurch verändert, dass wir laut unsere Einladung an die Spirit-Freunde oder unser Gebet aussprechen. Nicht selten werden wir von unseren Teilnehmern auf diese höher schwingenden Energien angesprochen. Zudem gibt uns dies das vertrauensstärkende Gefühl, dass wir nicht allein das Übungstreffen oder Workshop gestalten.

Wir laden stets unsere eigenen Geistführer sowie unsere Helfer (Spirit-Team) ein. Auch gibt es je nach Glaubensrichtung und Zielsetzungen (z. B. Heilung, Frieden stiften, Klarheit finden) die Möglichkeit, geistige Helfer einzuladen, die dem Thema nahe sind, bspw. Hl. Theresa von Kalkutta, Hl. Maria von Gozo, Hl. Franziskus von Assisi, Hl. Johannes der Täufer, Jesus Christus, Mutter Maria, Hildegard von Bingen, Shiva, Mahakala, Ganesha, Yogananda, Babaji, Mahatma Gandhi, Allah, Fatima, Laotse oder Konfuzius. Oft laden wir auch die (mir oft unbekannten) geistigen Helfer unserer Lehrer oder die noch lebender Heiler ein. Hier mag jeder seinem eigenen inneren Impuls folgen.

Ferner heißen wir die spirituellen Helfer unser Teilnehmer willkommen und laden sie ein, mit uns gemeinsam einen harmonischen und inspirierenden Übungsraum zu generieren.

*

Jeder entwickelt für sich selbst im Laufe der Zeit ein Ritual, mit dem er die jeweiligen spirituellen Helfer einladen will. Doch möchten wir auch hier erste Impulse geben: Wenn man z. B. anfangs befürchtet, mit negativen Energien oder vermeintlich bösen Wesenheiten in Kontakt kommen zu können, gibt es die Möglichkeit, die folgende Einladung auszusprechen: „Zu dieser Übung lade ich die höchsten, reinsten und hellsten Energien ein, uns bei dieser Arbeit mit Klarheit, Achtsamkeit und Liebe zu unterstützen. Insbesondere bitte ich X, Y, Z (Name der jeweiligen geistigen Begleiter, siehe oben) herbei, um uns in ihrer Weisheit und Güte zu helfen. "

Eine weitere Alternative ist auch folgende Einladung: „Mögen alle diejenigen geistigen Helfer mit uns zusammenarbeiten, die uns durch Heilung, inneren Frieden und Harmonie auf unserem Lebensweg in positiver Weise unterstützen."

Steht Heilung im Fokus der Übungs-Sequenz, oder werde ich um eine Heilung gebeten, dann verwende ich, Iris, zusätzlich meinen eigenen privaten Heilsegen, den ich gerne hier teile: „Friede sei mit dir. Mögen deiner Seele Flügel wachsen und emporschwingen ins Licht und ins ewige Leben."

Auch ihr könnt euch einen eigenen Segens- oder Einladungsspruch von euren spirituellen Helfern schenken lassen. Dazu nehmt ihr euch eine Auszeit und baut eure eigene Präsenz in der meditativen Stille auf. Sobald ihr in euch eine tiefe Ruhe gefunden habt, sendet einen Gedanken an euer höheres Selbst oder – wenn ihr bereits einen Kontakt zu ihm/Ihr habt – an euren Geistführer/eure Geistführerin. Bittet darum, euch euren ganz privaten Segens- oder Einladungsspruch zu senden, und wartet geduldig, dass euch hier in Form von berührenden Gedanken etwas übermittelt wird. Klappt es beim ersten Mal nicht gleich, dann gilt es, die Übung wiederholt durchzuführen, vielleicht sogar täglich. Es wird der Moment kommen, wo ihr eine Botschaft erhaltet. So kurz oder ungewöhnlich sie auch sein mag, analysiert sie nicht, sondern schreibt sie kommentarlos auf. Mit meinem obigen Heilsegen konnte ich im ersten Moment auch nicht viel anfangen, und das, obwohl mir andere zuriefen, wie wirkungsvoll sie ihn fanden.

Martin und ich öffnen in der Regel den Raum mit diesem Heilsegen und der Einladung an unsere geistigen Freunde und Lehrer, bevor die ersten Teilnehmer kommen. Und wir schließen den Raum explizit erst wieder, nachdem der letzte Teilnehmer gegangen ist. Wir bedanken uns bei allen anwesenden spirituellen Wesenheiten und Helfern für die gemeinsame Arbeit.

Der Raum sollte groß genug sein, um einen gemeinsamen Sitzkreis aller Teilnehmer aufzunehmen, UND er sollte allen Teilnehmern ermöglichen, in 2er-, 3er- oder 4er-Gruppen zu üben, ohne von den eigenen Nachbarn durch zu große Nähe gestört zu werden. Besonders Anfänger sind oft irritiert, wenn sie Gesprächsfetzen aus der Nachbargruppe hören oder deren Energien und Emotionen wahrnehmen.

Ideal ist ein Ort, zu dem die Teilnehmer mit öffentlichen Verkehrsmitteln anreisen können und wo es zudem ausreichend Parkplätze gibt. Unser eigener Raum ist mitten in der Stadt und damit definitiv nicht ein Raum, den man als ruhig ansehen kann. Auch hier gilt: Äußere Unruhe und Geräusche scheinen nur für Anfänger, die sich noch leicht von äußeren Geräuschen irritieren lassen, ein Störfaktor zu sein. Erfahrene Medien, die gelernt haben, mit ihrer eigenen Sensitivität professionell umzugehen, bekommen oft die Außengeräusche nicht mit oder lassen sich hiervon nicht stören.

Wer fürchtet, dass eine Toilette für mehr als 6 Personen ggf. zu wenig wäre, mag aufatmen. Wir hatten bisweilen 15 Teilnehmer und nur eine Toilette, doch es fügte sich alles auf wunderbarer Weise.

Es gibt immer wieder Diskussionen, ob man Übungsgruppen zu Hause durchführen soll oder nicht. Oft wird befürchtet, dass nach dem Üben „negative Energien" zurückbleiben. Diese Erfahrung können wir nicht teilen, im Gegenteil, nach den Übungs-Sequenzen erleben wir unser Wohnzimmer als sehr friedvoll und harmonisch.

Zu unseren Übungstreffen schmücken und dekorieren wir unseren privaten Raum ein wenig anders als sonst. Sei es, dass wir einige Kerzen anzünden, einen großen Blumenstrauß in den Kreis stellen oder einen schönen Stein oder einen besonderen Kristall hineinlegen. Wir wollen damit zeigen, dass ein besonderer Moment einen besonderen Raum verdient. Auch diesbezüglich haben wir viele Medien kennengelernt, die keinen Wert auf Raumgestaltung legen und für die es eher wichtig zu sein scheint, dass der Raum so leer wie möglich ist: je weniger Ablenkung, desto besser.

Wichtig ist es, vor dem Treffen keine zusätzlichen Gerüche, Parfüms oder Duftessenzen in den Raum einzubringen. Denn geistige Helfer können auch über Gerüche identifiziert werden, und dies ist dann schwieriger wahrzunehmen, wenn bereits prägende Raum-Düfte existieren.

In der Regel stellen wir unsere vorhandenen Stühle in einer Kreisform auf, und zwar bevor die Teilnehmer kommen. Hier wurde uns empfohlen, dass wir keine zu bequemen Sessel und Sitzgelegenheiten verwenden sollten, da sonst die Gefahr besteht, dass die Atmosphäre „zu gemütlich" wird und die Sitzung evtl. eine falsche Zielsetzung (geselliges Beisammensein) bekommt. Auch haben wir gute Erfahrungen damit gemacht, sehr persönliche und sperrige Möbel und Gegenstände aus dem Weg zu räumen, um ein möglichst neutrales Arbeitsklima herzustellen.

Warmer Tee (z. B. Ingwer mit Zitrone im Winter) und stilles Wasser sind die Getränke, die wir zur Verfügung stellen. Unsere Teilnehmer bringen gerne etwas zum Knabbern mit, sodass wir hier niemanden zu versorgen brauchen. Für unsere längeren Übungstage jedoch reservieren wir vorab Plätze in einem Restaurant, in dem man zügig (max. 1,5 Stunden) und vielfältig (für Veganer/Vegetarier wie für Fleischesser geeignet) Mittagessen kann. Hier gilt es, im Timing mind. 15 Minuten vor und nach dem Mittagessen einzuplanen für evtl. Wegstrecken, für kurze Spaziergänge, aber auch um Zeit für Gespräche und Reflexion zu geben.

Die Auswahl und Anleitung der Übungen

In den ersten Übungsstunden haben wir uns noch sehr an Übungen ausgerichtet, die von uns persönlich bekannten Medien stammen, und führten diese nach deren Anleitung präzise aus. Je erfahrener wir wurden und intensiver unsere Anbindung an die geistige Welt wurde, desto flexibler entfernten wir uns von den Vorgaben anderer. Ein möglicher Ablauf für ein ca. dreistündiges Übungstreffen könnte wie folgt aussehen:

Minuten	Thema	Inhalt
5	Einführung	Kurze Erläuterung der Zielsetzung des Übungstreffens; ggf. neue TN willkommen heißen und in die Gruppenregeln einführen
20–30	Meditation	Sitzen in der eigenen Kraft (sitting in the power); geistige Helfer einladen; Heilkreis bilden

ca. 40	1. Übungs-Sequenz	*Leichte Einführungsübungen zum Warmwerden (Aura-Erspüren, Karten-Lesen, Segnungen aussprechen); Übungen, die in das Thema einführen*
15	*Pause*	*Toilettengang; Trinken und den Raum gut Durchlüften!*
ca. 50	2. Übungs-Sequenz	*Weiterführende und vertiefende Übungen zum gewählten Thema (z. B. Trance Healing, Inspirierendes Reden)*
30	Abschluss-Runde	*Feedback und Rückblick auf das Erlebte; Abschluss-Meditation im Kreis; Organisatorisches*

Wer aus einer heterogenen, vielleicht sogar anfänglich ängstlichen Gruppe eine homogene und harmonische Gruppe machen will, der mag am Anfang häufiger das Thema „Heilung" für die Übungstreffen wählen. Wir haben die Erfahrung gemacht, dass die Nervosität im Raum innerhalb des Übungs-Spektrums von Heilen über inspirierendes Reden (Channeling) bis hin zu den Verstorbenen-Lesungen ansteigt und die Energie im Raum entsprechend dichter und damit in der Wahrnehmung schwerer wird. So wird ein Treffen, das sich auf Heilung konzentriert, oft als weniger stressig erlebt als eine Fokussierung auf die Verstorbenen-Kommunikation. Es gilt daher für Gruppenleiter, entsprechend unterschiedlich motivierend zu agieren.

Arbeiten wir mit gemischten Gruppen, d. h. Anfänger und Fortgeschrittene, so nehmen wir im Rahmen der Kleingruppen-Einteilung neue Teilnehmer oder Anfänger in unsere eigene Obhut bzw. geben sie in die Obhut von fortgeschrittenen Teilnehmern, die bereits eine Mentoren-Rolle übernehmen können. Diese Zusammensetzung ist für beide Seiten sehr hilfreich, denn einerseits lassen die Erfahrenen die Anfänger an ihrer Ruhe und ihren Einsichten in stärkender und beruhigender Weise teilhaben. Andererseits können die Erfahrenen ihre eigenen Fähigkeiten an unerfahrenen und ggf. nervösen Teilnehmern „testen".

Beim Anleiten der Übungen lernten wir schnell, dass es hilfreich ist, erst die angedachte Übung im Großen und Ganzen zu erläutern, dann die Übungsteilnehmer in die Kleingruppen gehen zu lassen, um dann die Übung zu erläutern; wir nannten es humorvoll „für unsere geistigen Helfer" . Martin oder ich beginnen die Übung Schritt für Schritt zu moderieren, sodass die Teilnehmer jeden Schritt einzeln mitmachen können. Hierbei achten wir auf Pausen und lassen uns in der Wortwahl sehr oft von unseren eigenen geistigen Helfern leiten.

Gibt es eine längere Übungs-Phase, in der wir als Moderatoren nicht sprechen, so achten wir darauf, dass wir zuerst mit einem Räuspern oder Geräusch die

Aufmerksamkeit auf uns ziehen, bevor wir mit ruhiger Stimme wieder einsetzen oder auch die Übung langsam zu Ende moderieren.

Die Moderation der Fragen und Antworten

Die Herausforderungen beim Moderieren sind größer, als wir zuerst annahmen. Denn es gilt, Fragen einzelner Teilnehmer gemeinsam mit anwesenden Teilnehmern zu beantworten, die Antworten der Teilnehmer zu kommentieren und ggf. zu berichtigen. Schließlich gilt es noch, zu den Abschluss-Feedbacks überzuleiten und die Zeit immer im Blick zu haben. Man muss erst ein gutes Gespür dafür entwickeln, wie viel Zeit dem Einzelnen für seine Aussagen zur Verfügung gestellt werden kann, damit auf der einen Seite die Person umfassend abgeholt, auf der anderen Seite lange Ausschweifungen vermieden werden. Es hilft, wahrzunehmen, inwieweit das Gesagte Resonanz in der Gruppe findet, und entsprechend zu agieren, damit ein Absinken der Aufmerksamkeit und der Gruppenenergie rechtzeitig vermieden wird. Ein guter Indikator ist dabei, zu beobachten, ob sich Unruhe in der Gruppe breitmacht und ob die nicht betroffenen Teilnehmer anwesend bleiben oder nicht (Blick wach/Blick schweift in die Ferne).

Fragen, die am Anfang des Übungstreffens gestellt werden, führen oft zu zeitintensiven Diskussionen, die inhaltlich nicht immer zielführend sind. Daher empfehlen wir, eine Fragerunde erst nach der Anfangsmeditation durchzuführen, idealerweise jedoch erst am Ende der Veranstaltung (bitte dafür Zeit einplanen). Dann sind die Teilnehmer zentrierter, erfüllt von Erfahrungen, die nur bedingt verbalisiert werden können, und aufgeschlossener für die Antworten anderer. Bei den von uns gegebenen Antworten machen wir immer wieder klar, dass wir nach unserem aktuellen Wissens- und Erfahrungsstand antworten, wir jedoch keine professionellen Medien auf diesem Gebiet sind. Bei Antworten von anderen Teilnehmern achten wir darauf, dass diese positive, konstruktive und respektvolle Inhalte haben und in wertschätzender Weise geäußert werden.

Für Moderatoren ist es insbesondere in disharmonischen Momenten immer wieder hilfreich, sich daran zu erinnern, dass alle Teilnehmer, die im Übungsraum versammelt sind, von ihren geistigen Helfern zu dieser Übungseinheit geführt worden sind. Sie sind anwesend, weil sie die Aufgabe haben, ihr Licht noch weiter ausströmen zu lassen, und jeder Einzelne von ihnen ist nötig, um Heilung, Friede, Liebe und göttliche Wahrheit in die Welt zu tragen, zum Wohle aller Menschen. Dies bedeutet aber auch, dass unsere geistigen Freunde wissen, für wen wir die richtigen Übungsleiter sind und für wen nicht. Diese Ansicht hat uns Selbstsicherheit gegeben, auch in den Momenten, wo wir innerlich an unsere eigenen Grenzen der Geduld und des Verständnisses geführt worden sind.

Das Einholen von Feedback

Der Zeitpunkt für Feedback zu den Übungen kann je nach Zielsetzung unterschiedlich liegen:

1. sofort nach dem ersten Durchgang, d. h. nachdem Teilnehmer 1 aktiv war, Teilnehmer 2 jedoch noch nicht;

2. nach dem Durchgang aller Übungs-Sequenzen, d. h. nachdem alle Teilnehmer aktiv waren.

Je kürzer der Zeitraum zwischen Feedback und Übung-Sequenzen ist, desto besser können sich alle Teilnehmer noch an die gemachten Erfahrungen erinnern. Der Nachteil ist jedoch, dass die aufgebaute Energie aus der Übung durch das Reden und das damit oft einhergehende Rationalisieren bzw. Zweifeln wieder abgebaut wird. Dieses zeitnahe Feedback kann zu einer kurzen (energetischen) Unterbrechung führen.

Wir haben es als sehr bereichernd erlebt, wenn wir bisweilen Übungs-Sequenzen kreiert haben, in denen über einen langen Zeitraum, manchmal sogar für die gesamte Zeit, kein verbaler Austausch über das Geschehene stattgefunden hat. Hier haben wir mit unseren Übungspartnern das bedingungslose Dienen geübt. Wir nahmen tatsächlich eine größere Präsenz der Teilnehmer in der Wahrnehmung des eigenen Erlebten wahr.

*

Um die eigenen Fortschritte zu dokumentieren und die Feedback-Ergebnisse festzuhalten, ist es hilfreich, ein mediales Tagebuch mitzubringen, in dem die Teilnehmer dass Erlebte und ihre Einsichten niederschreiben und festhalten können.

Erfahrungsberichte

I: Als Gordon und vor allem die Teilnehmer uns baten, wir mögen doch im Raum Frankfurt eine Übungsgruppe leiten, bin ich erst einmal in den Widerstand gegangen. Denn zu diesem Zeitpunkt war mein beruflicher Terminkalender so mit Reisedaten gefüllt, dass ich überhaupt nicht wusste, wann wir das hätten tun sollen. Zudem waren wir im ersten Jahr selber noch Anfänger und hatten keinerlei Ahnung über unsere medialen Begabungen. So dauerte es einige Monate, bis wir einen ersten Versuch unternahmen; und das Wunderbare geschah: Nicht nur, dass sich meine Terminkalender-Einträge auf magische Weise so sortierten, dass ich regelmäßig die Übungsgruppen unter der Woche mitleiten konnte.

Auch kamen genügend Teilnehmer, sodass die Treffen tatsächlich regelmäßig stattfinden konnten. Das wirklich Wunderbare jedoch bestand darin, dass wir während der Moderation der Übungsgruppen beide von Anfang an die Wahrnehmung hatten, geführt zu werden. So konnten wir spontan Antworten auf Fragen geben, die wir selber vorher nicht im Bewusstsein hatten. Diese Antworten wurden jedoch in unserer Supervision von Matthew Smith als stimmig bestätigt.

*

M: Später, viele Monate später, leitete ich bei einem Workshop spontan eine Morgenmeditation an, während die Teilnehmer eigentlich auf Steven Levett als Dozent warteten, der sich jedoch aus verkehrstechnischen Gründen verspätete. Als Kurs-Betreuer stellte ich die Teilnehmer vor die Wahl, entweder die Zeit mit Plaudern und Warten zu vertrödeln oder aber bereits mit der Vorbereitung auf das Seminar zu beginnen. Als Letzteres gewählt wurde, musste in der Runde nur noch die Frage geklärt werden, wer die Meditation anleiten sollte, und als die Wahl auf mich fiel, begann ich einfach mit meiner Start-Meditation „Setze dich hin und tue nichts!" – angelehnt an frühere Anweisungen unserer Lehrer. Als Steven Levett endlich, sichtlich gehetzt und entnervt, im Raum erschien, befand sich die ganze Gruppe bereits mitten in der Meditation. Steven gab mir zu verstehen, dass ich die Übung fortführen und abschließen sollte. Danach übernahm er wieder die Regie.

Die Anspannung, die ich während des Anleitens der Meditation erlebte, war von den Teilnehmern hoffentlich nicht als allzu störend wahrzunehmen. Ja, ich hatte schon Meditationen angeleitet, aber bisher im kleinen Kreisen und oft noch mit Hilfe eines

Textblattes, das ich nach verschiedenen Meditationen von Gordon für meine Zwek-
ke zusammengestellt hatte. Jetzt, vor einer Gruppe von 50 Teilnehmern, und dann
auch noch im freien Vortrag, war das für mich nun doch eine andere Hausnummer.
Im Vertrauen, dass mir die spirituelle Welt die notwendige Unterstützung geben
würde, redete ich und überraschte mich selbst mit der Stringenz und Klarheit mei-
ner Anleitung.

Wieder Monate später forderte mich Gordon Smith mitten in einem regulären Wo-
chenendseminar auf, die Morgenmeditation in seinem Beisein und in meiner Mut-
tersprache anzuleiten. Zudem sagte er, er vertraue uns – Iris und mir – als Lehrer,
Medium und Freund. Das war dann natürlich der „Ritterschlag", und es gab ab die-
sem Zeitpunkt kein Zurück mehr. Tief berührt, aber auch angespannt, durfte ich für
mich erkennen, dass es tatsächlich meine Aufgabe war, gemeinsam mit Iris Übungs-
zirkel anzuleiten. Nun galt es, mich dieser Aufgabe zu stellen und im gemeinsamen
Tun zu wachsen. Mittlerweile biete ich auch Meditations- und Übungsabende (Pra-
xisgruppen) über den Frankfurter Ring e.V. an – im Haus der Jugend, wo vor vielen
Jahren mein erster „kritischer" Kontakt mit Gordon Smith stattfand.

Die Liebe zu den Verstorbenen und die Liebe zu dem, was wir „ewiges Licht" nennen, ist die Basis jeder Kommunikation. Aufbauend auf dieser einfachen Erkenntnis wollen wir euch nun folgende zentrale Fragen beantworten:

> **Warum ist es so schwierig, mit Verstorbenen zu kommunizieren? Geht es nicht irgendwie einfacher und leichter?**

In der Tat scheint es am Anfang schwierig oder gar unmöglich zu sein, eine stabile Verbindung mit der geistigen Welt aufzubauen. Das liegt daran, dass beide Seiten noch nicht genau wissen, wie es funktioniert, bzw. dass sie noch nicht gut aufeinander eingestellt sind. Im Grunde genommen ist es jedoch ganz einfach, wenn man erst einmal den Zugang geschaffen hat und wenn das Vertrauen auf der menschlichen Seite so ausgeprägt ist, dass Zweifel, Fantasien und Selbstbetrug keinen Einlass in die Kommunikation finden.

Das Schwierige ist auch, dass man niemanden erklären kann, wie es funktioniert. Es ist, als wollte man jemandem erklären, wie er am besten Fahrrad fährt. In der Theorie hört es sich einfach an, doch erst die Praxis zeigt, inwieweit der Einzelne in der Lage ist, sich mit dem Fahrrad so in Einklang zu bringen, dass er sich damit fortbewegen kann. Wenn man das Fahrradfahren aber erst einmal gelernt hat, ist es ganz einfach. D. h. nicht, dass es nicht auch beim Fahrradfahren Tage geben mag, wo es nicht so gut läuft, oder dass es keine Wegstrecken gäbe, die einen straucheln lassen. Doch im Grunde weiß man dann, wie es funktioniert. Und genauso ist es mit dem Schwimmen oder mit der Zubereitung eines guten Steaks usw.

> **Ich bin nicht sicher, ob ich mir das alles einbilde, oder ob ich wirklich mit einem Wesen aus der geistigen Welt kommuniziere. Woran erkenne ich den Unterschied?**

Am Anfang ist es tatsächlich nicht leicht, den Unterschied festzustellen. So passiert es oft, dass man den Eindruck hat, man sei wirklich mit der geistigen Welt verbunden. Nur weil man selbst eine große Erwartungshaltung aufgebaut hat glaubt man vielleicht, dass man mit einem Wesen aus einem Anderen Leben spricht. . Man nimmt jedoch Erscheinungen wahr, nur weil man selbst eine große Erwartungshaltung aufgebaut hat. Es kann also unklar sein. Den Unterschied merkt ihr immer dann, wenn euch Bilder oder Botschaften übermittelt werden, die ihr euch selber nie hättet ausdenken können. Oder wenn sie begleitet werden von einem so großen Gefühl des Friedens, der Liebe und inneren Gewissheit, dass ihr klar wisst, dass ihr diese Inhalte wirklich nicht selber hervorgebracht habt.

Auf eurer medialen Reise beginnt ihr langsam Erfahrungen zu sammeln. Wenn ihr nach einer Übung zurückschaut und eure Wahrnehmungen vergleicht, werdet ihr erkennen, worin die Unterschiede liegen zwischen der Kommunikation, d. h. dem Empfangen von Botschaften aus der geistigen Welt, und dem, was eurer eigenen Vorstellung entspringt. Beides hat seine Berechtigung, denn wir arbeiten erst dann richtig mit euren Fantasien und eurem Vorstellungsvermögen, wenn ihr mit uns im Vertrauen verbunden seid. Vorher nutzen wir eure Vorstellungskraft und Fantasie, um euch auf spielerische Art und Weise den Unterschied zu lehren zwischen weltlicher und jenseitiger Natur. Das Licht, ein Gefühl der Liebe oder andere körperliche Wahrnehmungen können euch am Anfang verwirren. Sie können euch jedoch auch eine Orientierung geben, um festzustellen, wo ihr euch auf eurer Reise im Moment befindet.

*

I: Am Anfang habe ich nicht geglaubt, dass mich Personen, die sehr kritisch, skeptisch oder sehr ängstlich sind, in meiner medialen Arbeit beeinflussen könnten. Doch es ist tatsächlich so: Wenn der Empfänger einer Nachricht kein Vertrauen ausstrahlt, kann in der Verbindung zwischen dem Wesen in der geistigen Welt, dem Medium und dem Empfänger nicht die volle Liebes-Energie und „Botschaften-Leitfähigkeit" fließen. Dies ist anders bei einem Empfänger , der voller Zuversicht und innerer Ruhe bereit ist, eine Botschaft aus der Anderen Welt zu empfangen. So hat auch die größte Anstrengung von unserer Seite bisweilen nur wenig Einfluss auf die „Botschaften-Leitfähigkeit" des Mediums.

➢ **Mir fällt es schwer, regelmäßig zu üben. Kann ich trotzdem Fortschritte machen?**

Auch wenn es gerade in der Anfangszeit sehr, sehr hilfreich ist, die Übungen diszipliniert und in der vorgesehenen Reihenfolge zu absolvieren, nutzen wir doch jeden Versuch, den ihr unternehmt, um euch auf eurem spirituellen Weg voranzubringen. Keine noch so kleine Anstrengung bleibt ohne Widerhall. Solange eure Intention klar und rein ist und ihr bereit seid, für euren spirituellen Weg auch Schwierigkeiten zu meistern, werdet ihr immer wieder die Unterstützung erhalten, die ihr benötigt.

Es kann auch gut sein, dass ihr euch in einem Moment eures Lebens mit der Medialität vertraut macht, wo ein tieferes Einsteigen nicht ganz möglich oder sogar nicht wünschenswert ist. Die Liebe zu euren Familienangehörigen und die Pflichten und Aufgaben im täglichen Leben gehören in gleichem Maße zu eurem spirituellen Wachstum wie die Übungszeiten. Jeder von euch hat sein eigenes Tempo, seinen eigenen Rhythmus, seine eigene Kondition und damit seine eigene Disziplin, auf der wir aufbauen. Und ihr könnt versichert sein, dass wir euch gut und ggf. auch besser kennen als ihr euch selbst; nur so ist eine vollkommene Verbindung mit euch möglich.

➢ **Ist es möglich, dass mich negative oder sogar böse Geister über das mediale Arbeiten auf meinem Weg beeinflussen?**

Solange ihr eure Medialität dazu einsetzt, anderen Menschen in Liebe, Vertrauen und Klarheit zu dienen, solange braucht ihr keine Sorge zu haben, dass ihr auf Abwege geführt werdet; ihr habt nichts Böses zu befürchten. Ihr werdet erleben, dass ihr in der Verbindung mit uns eine himmlische Geborgenheit, einen inneren Frieden und einen Bewusstseins-Zustand, den ihr im Alltag nicht oder nur schwer selber erreichen könnt, erleben werdet. Die Liebe ist die Basis, und sie ist wahrhaftig.

Alles andere, bspw. böse Geister, Dämonen oder Unterwelt-Figuren, entspringen eurer menschlichen Vorstellung, die zumeist auf Angst basiert. Angst kann nicht dort sein, wo Liebe existiert; und eine der Erfahrungen, die ihr sammeln werdet, ist, dass ihr voller Liebe seid. Da ist kein Platz für Angst, außer ihr malt diese

Angst an die Wand und fokussiert eure Aufmerksamkeit darauf. Die Dunkelheit kann das Licht nicht schlucken, denn da, wo Licht ist, gibt es keine Dunkelheit mehr. Das Licht schließt die Dunkelheit aus.

So ist es mit der Liebe und der Angst: Ihr liebt in dem Moment, wo ihr voller Vertrauen seid, Frieden spürt und in eurer vollen Präsenz weilt. Diesen Zustand kann man u. a. über den Weg der Medialität erreichen, denn dieser Zustand der Liebe ist der Kanal, der euch mit all den lieben Wesen aus der Anderen Welt verbindet. Die Liebe wird euch helfen, über euch hinauszuwachsen, wenn ihr es denn wollt.

Eure Vorstellungen erschaffen die Geister der Angst, die Dämonen der Furcht, des Hasses und der Trostlosigkeit, d. h. es sind nicht die Kräfte der geistigen Welt, die Dämonen erschaffen, sondern ihr selbst. Ihr könnt also wählen, ob ihr euch von euren eigenen negativen Gedanken beeinflussen lassen wollt oder nicht. Doch lasst euch nicht von eurer eigenen Vorstellungswelt und Gedankenkraft einschüchtern: Ihr seid voller Liebe und ihr seid Licht, das sich immer weiter ausdehnt, je länger ihr existiert.

*

I: Meine geistigen Helfer betonen in ihren Durchsagen immer wieder, dass wir geschützt sind und dass böses Gedankengut/böse Geister uns nichts antun können, außer wir entscheiden uns bewusst dafür. Einer meiner Übungspartnerinnen wurde sogar mitgeteilt, dass dunkle oder böswillige Geister gar nicht erst in ihre Nähe kommen könnten, wenn es sie überhaupt gäbe. Denn sie sei von vielen liebenden Verstorbenen umgeben, die gemeinsam – und mit all ihrer Liebe und Fürsorge für sie – eine große Licht- und Liebeskugel um sie herum bildeten, sodass überhaupt kein unbefugter Zugang zu ihr möglich wäre.

Ich empfinde diese Botschaft als sehr tröstlich. Sie macht auch dann für mich Sinn, wenn jemand nicht glaubt, Verstorbene zu kennen, die ihm schützend, fürsorglich und liebend zur Seite stehen. Die Erfahrung der letzten Jahre haben mich gelehrt, dass es weit mehr fürsorgliche Verstorbene gibt, die sich an meiner Seite befinden, als ich mir jemals erträumt hatte. Alle meine Lehrer haben mir versichert, dass dies auch für jeden gilt, der im spirituellen Sinne konstruktiv lebt.

➢ **Was kann ich mit meinen medialen Fähigkeiten tun?**

Das hängt davon ab, in welche Richtung sich dein weiterer persönlicher Weg entfaltet. Die hier vorgestellten Übungen helfen dir, die Grundlagen eigenständig zu erarbeiten, die notwendig sind, um als reiner Kanal mit uns, der geistigen Welt, kommunizieren zu können. Wie schon am Anfang erwähnt, können diese Fähigkeiten auch auf anderem Wege erworben werden.

Doch wir wollen hier für jeden, der möchte, die Möglichkeit schaffen, bewusst den medialen Weg einzuschlagen und dabei erfolgreich voranschreiten zu können.

Das Ziel unserer Übungseinheit besteht nicht nur darin, euer geistiges Wesen zu festigen, sondern auch eure Selbstliebe und euer Vertrauen zu stärken. Darüber hinaus wollen wir euch zu mehr innerer Klarheit führen und euch ermöglichen, jederzeit mit uns, den geistigen Wesen, Kontakt aufzunehmen. Ist dieser Kontakt erst einmal hergestellt, übernehmen wir eure weitere Schulung, d. h. wir geben euch Impulse und Einsichte. Auch führen wir euch in bestimmte Lebenssituationen, sodass ihr eure spirituellen Kompetenzen weiter ausbauen und pflegen könnt. Im ersten Schritt fokussieren wir uns auf eure Entwicklung; später werdet ihr in Zusammenarbeit mit anderen die medialen Kompetenzen austesten und erfahren.

Dies geschieht nur, wenn ihr es selbst möchtet. Es gibt viele, die ihre medialen Fähigkeit nur im Stillen, für sich selbst und für ihren weiteren Weg verwenden. Das ist mehr, als wir hoffen können.

Natürlich dürft ihr auch davon träumen, einmal als professionelles Medium für andere zur Verfügung zu stehen. Doch dies ist für viele von euch ein langer, steiniger Weg, der viel Disziplin und Wahrhaftigkeit beim Üben fordert. Medium zu werden, ist ein Ziel, das nicht sofort formuliert werden kann, sondern erst viele Monate, wenn nicht Jahre später angestrebt werden sollte. Wir empfehlen, dass ihr euch dieser Berufung nicht sofort verschreibt, sondern zunächst bei der Anwendung der medialen Fähigkeiten in eurem Alltag und beim Praktizieren der Übungen sowie dem Aufbau von Vertrauen und Liebe bleibt; das sind bereits Schritte auf eurer Reise, die viel Aufmerksamkeit und Zeit von euch benötigen. Seid euch dessen bewusst und eilt nicht. Vieles mag von Euch erforscht und vieles auf seine eigene Weise entdeckt werden, und viele eurer (manchmal vermeintlichen) medialen Gaben werden im Alltag getestet und überprüft.

*

I: Ich kann mich erinnern, dass Gordon Smith ganz zu Anfang unserer ersten Ausbildung darauf hingewiesen hat, dass man in der Regel Jahrzehnte braucht, um ein professionelles Medium zu sein. Er empfahl uns, von mindestens 7 Jahren auszugehen. Wenn ich nun auf meinen eigenen Weg zurückschaue, dann würde ich ihm hier zustimmen. Denn es geht, wie schon mehrfach betont, nicht nur um die Vermittlung von medialen Fertigkeiten, sondern vor allem um eine tiefer gehende und umfassende Persönlichkeitsreifung. Für mich war es tatsächlich so, dass mich in dieser Zeit alltägliche Lebensereignisse genauso geprägt und auf die mediale Tätigkeit vorbereitet haben, wie die medialen Übungsstunden, die ich wöchentlich einplante.

Wir sehen im Umgang mit unseren Teilnehmern, dass diese bisweilen den medialen Weg dann besonders eng verfolgen, wenn sie in ihrem bisherigen Leben eine Leere fühlen. Sie versuchen, die eigene Sinnkrise mit der Medialität aufzulösen, was nicht unbedingt zielführend ist Herrscht eine eigene große Bedürftigkeit vor, dann gilt es, diese erst durch persönliches Wachstum zu stillen, sodass sich die eigene Medialität später auf Basis der gereiften Bedingungslosigkeit und Dienstbereitschaft wahrhaftiger entfalten kann.

> ## ➢ Kann ich auf dem medialen Weg etwas falsch machen?

Nein, das ist nicht möglich, denn jede einzelne eurer Erfahrungen ist notwendig, damit ihr wachst. Solange ihr für euch alleine übt und die Übungen in der angegebenen Reihenfolge macht, kann nichts passieren, was nicht in eine positive mediale Erfahrung verwandelt werden kann. Fühlt ihr euch jedoch unsicher, so bittet eure geistigen Helfer, euch in diesem Moment zu helfen; sie tun es stets gerne. Auch wenn ihr glaubt, noch nicht im Kontakt zu ihnen zu stehen, werden sie euch dabei helfen, den nächsten Schritt zu setzen. Sie tun es mit Freude und Hingabe; sie umgeben euch mit einer Liebe, die ihr im Vergleich zu dem, was ihr auf der Erde erlebt, nicht erfassen könnt. Auch wenn ihr hiervon nichts spürt, geschieht dies jederzeit und an jedem Punkt eurer medialen Wegstrecke. Daher wendet euch im Vertrauen an sie und lasst sie einfach eure Lehrmeister sein.

> **Werde ich meine Bodenhaftung verlieren, wenn ich den medialen Weg einschlage oder weltfremd werde?**

Nun, dies hängt ein wenig von euch ab, doch im Grunde ist es wie mit jeder Disziplin. Wenn Ihr euch ausschließlich einem Thema im Leben widmet, werdet ihr von diesem Thema abhängig oder danach süchtig und könnt somit weder ausgeglichen noch erfüllt leben. Wir empfehlen euch, die Entwicklung eures eigenen medialen Weges wie den Erwerb einer neuen Sprache zu sehen. Wenn ihr den ganzen Tag nur Vokabeln übt und Grammatik paukt, euch aber nicht körperlich bewegt, dann werden eure Muskeln steif und ihr werdet eines Tages nicht mehr ganz so fit sein wie zu Beginn. Wenn ihr zudem aufhört, euch um die finanziellen Grundlagen eures Lebens zu kümmern, d.h. eurer täglichen Arbeit nachzugehen, werdet ihr schnell am Hungertuch nagen.

Natürlich gibt es begabte Dolmetscher, die das Übersetzen zu ihrem Beruf gemacht haben und davon leben. Doch das sind die wenigsten; daneben gibt es zigtausende Personen, die eine neue Sprache erlernen, um sich und ihrem näheren Umfeld damit eine Freude zu bereiten und dazu beitragen, dass Missstimmungen wegen existierender Sprachhürden überwunden bzw. behoben werden. Sie setzen ihre erworbene Fähigkeit für den Frieden in dieser Welt ein. So ist es auch mit der Medialität: Sie wird euch weder physisch noch wirtschaftlich alles geben, was ihr braucht, um gesund zu bleiben und eine finanzielle Basis zu haben. Dass ein Medium seine Kompetenz zum Beruf macht, ist daher viel seltener der Fall als bei einem Dolmetscher.

Auch diejenigen unter euch, die sich erhoffen, mit Wesen aus der geistigen Welt Freundschaften schließen zu können, weil es ihnen schwer fällt, unter ihren eigenen Mitmenschen Freunde zu finden, und die sich deshalb einsam fühlen, werden enttäuscht werden. Für euch gelten, wie für alle Menschen auf der Erde, die irdischen Gesetze, und dazu gehört, sich an seinesgleichen zu halten. Daher empfehlen wir denen, die davon betroffen sind, sich in diesem Punkt ihrer physischen Realität zu stellen, mit all ihren Vor- und Nachteilen.

> **Was geschieht mit mir, wenn ich auf die jenseitige Welt wechsle? Was passiert mit meiner verstorbenen Seele?**

Dies ist eine anspruchsvolle Frage, die je nach eigenem Weltbild und Entwicklungsstand unterschiedlich beantwortet werden kann. Eines ist sicher: Ihr werdet auch dann als Seele weiter existieren, wenn ihr euren physischen Körper zurückgelassen habt. In welcher Art und Weise das geschieht, hängt jedoch davon ab, was eure Seele für sich als Entwicklungs- bzw. Wachstumsfeld nach dem Übergang definiert hat. Die Liebe zu euren Angehörigen, zu Bekannten, Tieren und auch Pflanzen macht es möglich, dass ihr euch verbindet und die Reise gemeinsam unternehmt.

Die Welt ist nur auf eurer Seite an Raum und Zeit gebunden, aber das Jenseits ist multidimensional, und daher gibt es nicht nur eine Möglichkeit, sondern unzählig viele. Wenn ihr jedoch mit euren geistigen Helfern kommuniziert oder gar mit euren Verstorbenen, so wisst, dass sie sich in einer Form mit euch in Verbindung setzen, die für euch stimmig sein wird.

Es ist leider so, dass alles, was wir euch von der jenseitigen Welt vermitteln, nur behelfsmäßige Erklärungen sind für das, was tatsächlich dort auf euch wartet. Darum empfehlen wir euch, die Vorstellung von dem, was nach dem Tod geschieht zu wählen, die für euch den größten Nutzen, die größte Unterstützung für das Leben in eurer Welt bietet. Schaut genau hin, ob euer Vorstellungskonzept euch Angst macht oder Vertrauen schenkt, ob es euch daran hindert, das Leben hier voll und in allen Aspekten zu genießen oder nicht. Verwerft hingegen alle Konzepte, die euch demotivieren, euch in eurer Größe kleinmachen und die euch daran hindern, ihr selbst zu sein.

> **Woran erkenne ich einen guten medialen Lehrer? An wen soll ich mich wenden, um noch tiefer einsteigen zu können?**

Die Übungen in diesem Buch sind dazu da, dass ihr lernt, zu unterscheiden, wann Informationen aus eurer Fantasie kommen und wann sie aus der geistigen Welt stammen. Wenn die Verbindung erst einmal besteht, werdet ihr zu euren (nächsten) Lehrmeistern geführt werden. Das kann in der Form eines Bauchgefühls geschehen, durch ständiges Verweisen auf ein bestimmtes Seminar oder eine

Veranstaltung oder einfach durch eure Sehnsucht, einen bestimmten medialen Lehrer näher kennenzulernen.

Auch hier gilt: Der Lehrer oder die Lehrerin sollte einen Raum aufbauen, in dem ihr euch voller Vertrauen und ohne Angst entfalten könnt. Medialität kann man nicht durch Strenge oder Ehrgeiz erlernen. Medialität entfaltet sich zu ihrer Zeit, und ein für euch guter Lehrer hat nicht nur die notwendige Geduld, sondern kann auch die richtigen Impulse zu rechten Zeit setzen. Vertraut auf eure Intuition, wenn die Verbindung noch nicht steht, und seid einfach dafür bereit, dass euch der eine und andere Lehrer begegnen wird, der euch zwar belehren, jedoch nicht entfalten wird.

Eure weltlichen Lehrer haben die Aufgabe, euch mit neuen Erfahrungen, mit Wissenstransfer und Inspirationen zu beglücken. Sie bringen euch in Verbindung mit euren wahren Lehrern, die ihr nicht im Außen, sondern im Innern finden werdet. So ist der Aufbau des Vertrauens zu den eigenen geistigen Helfern und verstorbenen Verwandten die Grundlage, auf der eure jeweilige Entwicklung fußt. Und sobald ihr gelernt habt, diesen inneren Kompass vertrauensvoll zu lesen und nicht mehr fehl zu interpretieren, seid ihr bereit, euch von euren wahren Lehrern in Liebe unterrichten und leiten zu lassen. Diese Lehrer kennen euch oft besser, als ihr euch selbst kennt; sie nehmen euch urteilsfrei wahr und bringen unendliche Geduld mit, um euch, oft auf vielfältige Art und Weise, das als Erfahrung und Lernlektion näherzubringen, was euch in diesem Moment am besten dabei hilft, eure Medialität zu entwickeln und zu entfalten.

Dies kann in einem bestimmten Moment auch dazu führen, dass ihr eine Dissonanz wahrnehmt zwischen dem, was ein weltlicher Lehrer erläutert und für wahr erlebt, und dem, was ihr selbst innerlich als wahr mitgeteilt bekommt. In diesem Fall werdet ihr für euch eine Entscheidung treffen, und diese Entscheidung werdet ihr ggf. häufiger aktualisieren, indem ihr euch die Frage stellt: Wem vertraue ich mehr: der/m weltlichen Lehrer/in oder meinem eigenen inneren Lehrer bzw. dem Lehrer-Team aus der geistigen Welt?

*

I: Es gab in meiner eigenen Entwicklung mehrmals die Gelegenheit, diesen „Vertrauenstest" abzulegen. Dabei geht es nicht nur darum, dem zu folgen, was im Innern für richtig und wahrhaftig empfunden wird, sondern auch dem weltlichen

„Lehrmeister" weiterhin in Vertrauen und Offenheit zu begegnen. Alles, was an uns herangetragen wird, egal ob aus der irdischen oder geistigen Welt, sind nur Impulse und Hinweise, wobei es an uns liegt, verantwortungsbewusst zu entscheiden, ob wir diese dankbar aufgreifen oder sie ebenso dankbar als das stehen lassen, was sie sind: gutgemeinte Hinweise und Impulse. Die Verantwortung für unsere Entwicklung tragen stets wir selbst, und sie wird auch nicht von der geistigen Welt übernommen.

*

Nachwort

Zum Abschluss des Buches beglückwünschen wir euch, dass ihr mit uns diese Reise unternommen habt. Auch wenn nicht jede Übung das bewirkt hat, was ihr meintet, erleben zu wollen, so könnt ihr doch nun darauf vertrauen, dass euch jeder einzelne Schritt der medialen Seite des Lebens ein wenig nähergebracht hat.

Noch wichtiger als dies ist, dass euch das Vertrauen geschenkt und das Wissen vermittelt wurde, dass es mehr gibt als das, was ihr zu wissen glaubtet. Nun habt ihr einen Zugang zur Quelle der Liebe, der Erkenntnis und des Friedens gefunden, der euch in eurem alltäglichen Leben hilfreich und nützlich sein kann, wenn ihr es wollt.

Ihr habt nun gelernt, den Kompass der Liebe zu benutzen und mit Aufopferung euren eigenen medialen Weg zu praktizieren; ihr werdet im Rückblick feststellen, dass sich vieles in eurem Leben verändert hat und dass ihr Erlebnisse eingesammelt habt, die ihr zu Beginn eurer Reise nicht für möglich hieltet.

Nun lassen wir euch in Liebe gehen und freuen uns darauf, jeden eurer nächsten Schritte, ob medial oder nicht, begleiten zu dürfen.

In tiefer Liebe

Eure geistigen Freunde

Anlagen

Falls ihr euch von professionellen englischen Medien weiter inspirieren lassen wollt, empfehlen wir euch die folgenden beeindruckenden Persönlichkeiten:

Eileen Davies: www.eileendavies.co.uk

Steven Levett: www.stevenlevett.com

Gordon Smith: www.gordonsmithmedium.com

Matthew Smith: www.matthewinspires.co.uk

Lynn Parker: www.medium-lynnparker.co.uk

Steven Upton: www.s-upton.com

Die folgenden Institutionen (Auswahl) laden im deutschsprachigen Raum darüber hinaus immer mal wieder bekannte und weniger bekannte Medien ein:

Frankfurter Ring: www.frankfurter-ring.de

Amram Events: www.amram-events.com

Psi-Verein Basel: www.bpv.ch

Der englische Dachverband der Spiritualisten, der auch in Deutschland Vertreter hat, die Weiterbildungen anbieten findet ihr unter:

SNUI/Internationaler Spiritueller Dachverband: www.snui.org

Literaturempfehlungen (eine Auswahl)

In deutscher Sprache:

Steven Levett: Spirit Healer. Auch Du bist ein Heiler; Heyne 2018

James Van Praagh: Die Weite zwischen Himmel und Erde. Entdecken Sie Ihre übersinnlichen Fähigkeiten; Heyne 2006

Estelle Roberts: Fünfzig Jahre ein Medium; SDU Publication 2010

Gordon Smith: Wie man ein Medium wird; Allegria Tb 2010

Pascal Voggenhuber: Entdecke Deine Sensitivität. Wie du Deine übersinnlichen Fähigkeiten entwickeln kannst; Allegria Tb 2013

In englischer Sprache

Harry Boddington (1995) The university of spiritalism, Psychic Press LT. The Coach House

Harry Edwards (1996/2012) A guide for the development of mediumship, Con-PSY Publications

Eileen Garret (2016) Her Life and Her Mediumship, SDU Publication

Helen Greaves (1969)Testimony of light: An extraordinary message of life after death, Rider

Matthew Smith (2001) Entrancement: A Theoretical and Practical Manuel, Spirits Publications

Ramadan Trust (various); Truth in the Spirit world: In lecture of Ramadan through the Medium of Ursula Roberts; Volume 1-7

Silver Birch Series (various, z.B.1938) by A.W. Austun. Teachings of Silver Birch, Spiritual Truth Press

Zusammenfassung

Das Thema Medialität, insbesondere in der Form der Verstorbenen-Kommunikation, bereitet vielen Menschen im deutschsprachigen Raum Angst und ruft mehr Skepsis und Zweifel auf, als es verdient hat. In dem vorliegenden Buch haben die Autoren mithilfe ihrer geistigen Unterstützer das Wagnis unternommen, den neugierigen Lesern mit einfachen Übungen erste mediale Erfahrungen zu ermöglichen.

Dabei geht es den Autoren darum, nicht nur erste Fähigkeiten zu vermitteln, sondern auch die zugrundeliegenden Erfolgskriterien herauszuarbeiten sowie mit eigenen Praxis Erfahrungen zu zeigen, dass der mediale Weg auch für jeden anderen möglich ist, selbst dann, wenn bisher keine eigenen medialen Gaben erkennbar waren.

Im Zentrum des Buches stehen 12 Übungseinheiten, die ein mediales Selbststudium ohne Vorkenntnisse ermöglichen. Sie sind leicht, anschaulich und praxisnah formuliert und erfordern neben ein wenig Zeit nur den Mut, sich auf das mediale Abendteuer einzulassen. Am Ende dieser Übungsreihe werden die Leser in der Lage sein, einen nachhaltigen Kontakt zu ihren eigenen geistigen Helfern aufzubauen und diesen – wie ein „mediales Telefon" – auch vertrauensvoll zu pflegen.

Die einzelnen Übungen widmen sich u.a. dem Bereitstellen der notwendigen medialen Energien, dem Auflösen emotionaler, physischer und mentaler Blockaden und bieten erste Selbstheilungs-Techniken.

Iris empfing die Texte in einer Zeitspanne von ca. 4 Wochen als sie die Technik der Schreib-Trance während eines Sommerurlaubes praktizierte. Von Anfang an, gestalteten die geistigen Freunden von Iris dieses Buch daher mit. Ergänzt werden die einführenden Texte und 12 Übungen durch Erfahrungsberichte von Iris und Martin. Die Tatsache, dass hier die Perspektiven zweier sehr unterschiedlich übender Medien eingefangen werden, um die aus der geistigen Welt übermittelten Übungen zu ergänzen, macht den Reiz dieses Buches aus – ermöglicht es doch dem Leser die Einsicht, dass man nicht als Medium geboren sein muss, um einen erfolgreichen medialen Weg einschlagen zu können.

Danksagung

Wir danken den vielen lieben Menschen, die uns bei der Entstehung dieses Buches unterstützt haben. Insbesondere möchten wir all´ den Medien danken, die den medialen Weg für uns bereitet haben und vor uns bereits gegangen sind.